岩田ちえ子　スタイリング
中村圭子＋中川春香　編著

アンティーク着物万華鏡

大正～昭和の乙女に学ぶ着こなし

高畠華宵／画　「青い籠」
便箋表紙絵　大正末～昭和初期

河出書房新社

アンティーク着物万華鏡　目次

はじめに

「着物にチャレンジしたいけれど、ルールが難しそう」と敬遠する人も多いようですが、本来着物とは、それほど厳密なルールに縛られるものではなく、もっと自由に楽しんでいいはずです。それを証明してくれるのが、戦前の女性雑誌の表紙絵や口絵など、抒情画とも呼ばれるイラストレーションです。当時、重要なファッション情報でもあった抒情画によると、着物の着付け方はけっして一様ではなく、着る人の好みや個性を反映し、千差万別だったことがわかります。

　ところでもうひとつ現代人を悩ませるのが、コーディネートでしょう。大正〜昭和初期の着物、帯、半襟などには、ほとんどすべてに色柄が入っていますが、洋服世代の女性にとって文様と文様の組み合わせは感覚的に難しいものです。この面においても、抒情画は大変参考になります。

　また、庶民の暮らしぶりを描写した戦前の文学にも、着物を着こなすヒントが隠れています。

　本書は、抒情画や文学作品にアンティーク着物の着こなし方を見ていきます。同時に、角度によって様相を変える万華鏡のように、着物も着付けやコーディネートによって変化するさまを、ご覧いただきます。

第1章

抒情画と着物

大正～昭和初期に雑誌の表紙や口絵で活躍した抒情画家《じじょうがか》たちは、ファッションリーダー的な存在でもありました。

当時は写真が未発達だったので、着物や洋服を色美しくみせるには、絵が最も適していたのです。

本章では、抒情画家たちが描いた着物姿の女性を多く紹介し、その中の何点かについては、彼らが描いた着物を、アンティーク着物によって再現します。

さらに、同じ着物に、スタイリスト・岩田ちえ子が異なる帯や半襟、帯揚《おびあ》げ、帯締《おびじ》めを合わせたコーディネートも作り、一枚の着物が取り合わせ方によって、まったく別の雰囲気に変身する醍醐味《だいごみ》を味わっていただきます。

蕗谷虹児／画「青葉の頃」
『少女画報』表紙
1923年（大正12）5月号

抒情画版

十字《じゅうじ》

織物の縦糸と横糸が交差する部分を拡大した文様と考えられる。
大正末〜昭和初期、
本来は小さなものを巨大化し、
ダイナミックに表現するというやり方が流行《はや》った。

砂川星路／画
「（仮題）ヴァイオリン」
便箋表紙絵　大正末〜昭和初期

● 楽器を演奏する少女は、抒情画によく描かれた。右の絵の少女が手にしているのは、ヴァイオリンであろうと思われるが、上の着物の写真では、ヴィオラを持たせた。当時、楽器を持てるのは一部の裕福な家の少女だけであり、それだけにいっそう強い憧れだった。椅子の上に弓が置いてある。

砂川星路 ［すなかわ・せいじ］

詳細不明。大正末から昭和初期の博文館『少女世界』や実業之日本社『少女の友』に挿絵を描いた。

別コーディネート版

● 大きな十字柄の着物にはポップな百合柄の帯と大きな水玉の半襟をあわせ、レトロなビーズの「ちびバッグ」を持ってお出かけスタイル。帯留めにしたのはペンダントトップだが、他にもブローチ、バッジ、ボタン、木の実や、箸置でも、ひらめいたら即実行できるのが楽しい。ルールや格はさておき、ファッションは素敵ならそれが正解である。（C・I）

高畠華宵／画
「（仮題）くれゆく年」
大正末〜昭和初期

高畠華宵／画「初夏の風」

『少女画報』

1929年（昭和4）5月号

砂川星路／画
大正末〜昭和初期

高畠華宵／画「磯の唄声」
便箋表紙絵　ベニバラ社　昭和初期

高畠華宵 ［たかばたけ・かしょう］

本名・高畠幸吉。

1888〜1966年(明治21〜昭和41)、愛媛県生まれ。

平井直水に日本画を学んだあと、京都市美術工芸学校（現・京都市立芸術大学)、関西美術院に入学。23歳のときに描いた〈中将湯〉の広告絵を契機に、画才を認められ、講談社の各雑誌、東京社『少女画報』、実業之日本社『少女の友』『日本少年』等の口絵、挿絵を描く。「華宵便箋」は少女たちに人気を博し、抒情便箋流行の先駆けとなった。

須藤しげる［すどう・しげる］

本名・須藤重。1898〜1946年（明治31〜昭和21）、愛知県生まれ。岸田劉生に油絵を学んだあと、中村岳陵に師事し文展に入賞する。昭和初期頃、東京社『少女画報』に多くの挿絵を描いた。代表作に1935年（昭和10）平凡社『名作挿画全集』収録の吉屋信子作「花物語」挿絵、講談社の絵本「安寿姫と厨子王丸」の絵などがある。少年雑誌や婦人雑誌にも挿絵を描いた。

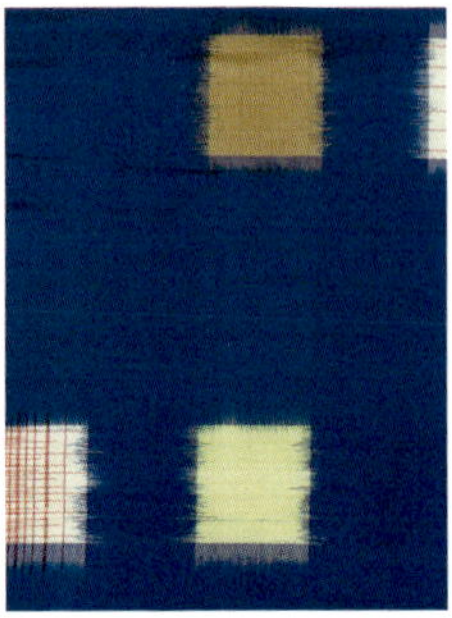

四角《しかく》

単純な形状だが、
斜めに並べたり、色を違えるなどすることによって、
さまざまな表情を見せる文様。

須藤しげる／画「百合の庭」
少女雑誌口絵
1927年（昭和2）

久保田清春／画
大正末〜昭和初期

高畠華宵／画「薔薇の便り」
大正末〜昭和初期

久保田清春［くぼた・きよはる］

詳細不明。大正期の実業之日本社『少女の友』や少女の国社『少女の国』に挿絵を描いた。

抒情画に描かれた着物は長い袂《たもと》が優美。現在は袖丈一尺三寸（四九センチ）が主流だが、戦前は一尺五・六寸（六〇センチ前後）が標準で、場合により変わるものだった。一九三七年（昭和一二）の和裁の教科書には、一〇代〜二〇歳前後は七〇センチ、中年は六〇センチが基準とある。しかし、戦時中に防空活動や節約のため「長袖追放運動」がなされた。

抒情画版

竹久夢二

［たけひさ・ゆめじ］

本名・竹久茂次郎。1884～1934年（明治 17～昭和 9）、岡山県生まれ。独学で絵を学び、〈夢二式美人〉と呼ばれる女性像を確立して人気を得た。日本画・水彩画・油彩画・木版画に多彩な作品を残す一方で、詩や童謡の創作に才能を発揮し、詩画を融合させた抒情的な芸術世界を構築して、のちに〈大正浪漫〉と呼ばれる時代のイメージを作った。雑誌では『若草』『婦人グラフ』等をはじめ、多くの仕事を手がけた。流行歌「宵待草」の作詞者でもある。

竹久夢二／画「SPRING」
『少女画報』
1924年（大正 13）1月号

別コーディネート版

●着物姿で野原に座る抒情画をよく見かけるが、現代ではなかなか見られない自由な光景である。これも着物が普段着だった時代ならではの、少女たちの楽しそうな暮らしのワンシーンである。赤い半幅帯と赤い三分紐を可愛い蝶々結びにして、お洋服のお友達にも負けないほど伸びやかな着こなしである。

　同じ着物で街へ行く日には、繻子《しゅす》の薔薇刺繍帯に薔薇の半襟と帯留めをして、バッグは黒で締めてガーリーなスタイルに。薔薇のデザインは似たテイストのものでそろえてみた。（C・I）

抒情画版

［右］抒情画の少女のかたわらに置かれた赤い本にあわせ、トルソーに持たせた本は、竹久夢二の著作『草の実』。赤と白の水玉模様が可愛らしい装幀も夢二の手によるもの。
［下］帯締めは抒情画にならい三分紐で蝶々結びに。

別コーディネート版

［左］野原に寝転んでいた少女が数年後には大人になり、雰囲気を変えて着こなすことでお気に入りの着物を着続けている……といった趣もあるコーディネート。

［下］テイストの似た薔薇の刺繍がされた半襟と帯。薔薇の帯留めを通した三分紐のうねりがリズム感を出している。帯締めは水平でなくても OK。

深谷美保子／挿絵「君代ちゃん」佐藤真紗雄／作
『少女画報』1927年（昭和2）9月号

ダイヤ型の四角を斜めにつないだ、ポップな印象の文様。

深谷美保子 ［ふかや・みほこ］

1903～1937年（明治36～昭和12）、出身地不詳。幼少時の病気がもとで脚が不自由になる。早くに両親を亡くしたため女子美術学校への進学をあきらめて洋画を独習。実業之日本社の『少女の友』に投稿を始め、投稿家時代には波路葉子と名乗った。編集長の岩下小葉に認められて1930年（昭和5）頃より同誌の挿絵画家となり、表紙絵を担当するメイン画家となる。自伝的エッセイ「不具を悲しむ少女たちへ」を書いた翌日、持病のカリエスが悪化して逝去。博文館『少女世界』、東京社『少女画報』にも挿絵を描いた。

高畠華宵／画「つばくらめ」
『少女画報』
1929年（昭和4）5月号

高畠華宵／画
「（仮題）ほおづえついて」
大正末〜昭和初期

更紗《さらさ》

南蛮《なんばん》貿易時代にインドから輸入された文様に起源があるが、しだいに異国風な染文様を総称して「更紗」というようになった。抒情画ではむしろ部屋の壁紙としてこの文様がよく描かれ、絵にエキゾティックな雰囲気を与えた。

名越国三郎／画「泉に憩いて」
『初夏の夢』 1926年（大正15年）

名越国三郎
［なごし・くにさぶろう］

1885～1957年（明治18～昭和32）、京都出身。京都市美術工芸学校卒。大阪毎日新聞社に入社して同社『サンデー毎日』他に挿絵を描いた。かたわら児童図書にも挿絵を描いた。1916年（大正5）洛陽堂コマ絵作品集『初夏の夢』を刊行。

蕗谷虹児／画「故国の六月を偲びて」
『令女界』 1927年（昭和2）6月号

蕗谷虹児 ［ふきや・こうじ］

本名・蕗谷一男。1898～1979年（明治31～昭和54）、新潟県生まれ。15歳から日本画家・尾竹竹坡に入門。19歳で樺太に渡り、2年半旅絵師として各地を漂泊の後、抒情画家として人気を得、大正末～昭和初期、宝文館『令女界』、東京社『少女画報』等に挿絵を描いて活躍する。1925年（大正14）パリに渡り、展覧会で入選を果たすが、家庭の事情で帰国を余儀なくされ、再び日本で挿絵を描く。晩年は絵本や個展で活躍。詩作もよくし、童謡「花嫁人形」の作詞者でもある。

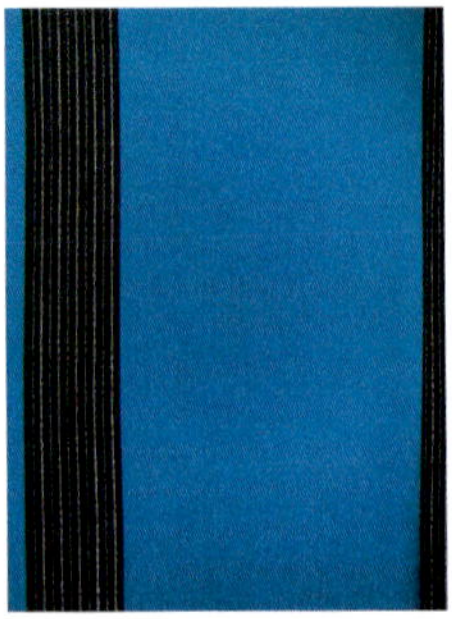

縞《しま》

「粋《いき》」の美学を象徴する文様。

単純なデザインだが、線と線の幅や色、あるいは組み合わせを変えることで、無限のヴァリエーションを生むことができる。

竹久夢二／画
「童話」婦人絵暦十二ヶ月より
『婦人グラフ』
1924年（大正13）9月号

別コーディネート版

抒情画版

●夢二の画では、手慣れにキッと締めた帯締めが小気味よく、フラッパーな着こなしがとても魅力的である。女性らしさが際立つクールな縞柄の着物は、帯や小物合わせ次第で、粋にも妖艶《ようえん》なマダム風にも変幻自在である。九鬼周造《くきしゅうぞう》曰く「縞柄には重力とともに落下する小雨や『柳条《りゅうじょう》』の軽味がある――」というのも頷ける。（C・I）

麻の葉《あさのは》

麻の葉はまっすぐに伸びるところから、
健やかな成長を願って子どもの産着《うぶぎ》によく使われた。
若い女性の着物にも多いのは、麻の香りが「虫除け」になるところから、
「娘に悪い虫（男）がつかないように」ということらしい。

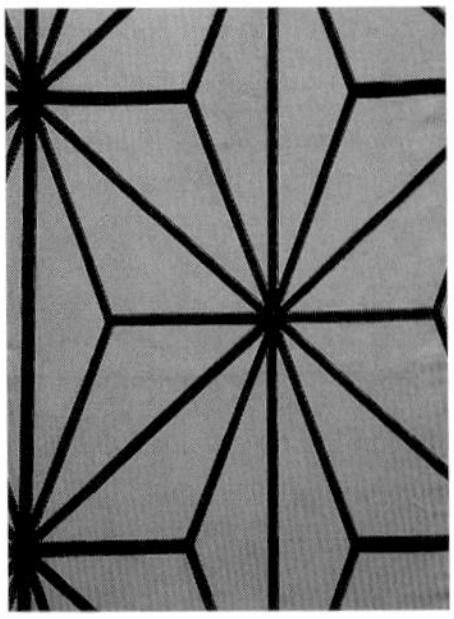

［左］**呉羽麓郎／画「かげろう」**
『少女世界』
1926年（大正15）4月号

呉羽麓郎［くれは・ろくろう］

生没年、出身地不明。大正末、博文館『少女世界』や少女の国社『少女の国』に挿絵を描いた。1932年（昭和7）小学館『小学六年生』の付録双六を手がけ、1943年（昭和18）弘学社、各務虎雄著『日本の神さま』挿絵など、昭和10年代までは足跡がたどれるがその後は不明。

須藤しげる／画「（仮）月夜の姉妹」
『少女倶楽部』1930年（昭和5）

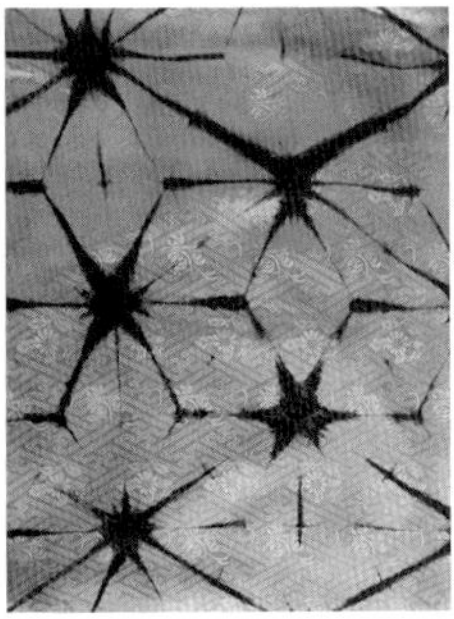

かげろふ

高畠華宵／画「かおる窓辺」
便箋表紙絵
大正末～昭和初期

高畠華宵／画「朝顔」
『少女画報』
1930 年（昭和 5）7 月号

久保田清春／画
大正末〜昭和初期

高畠華宵／画
「神よまもりませ」
便箋表紙絵　大正末〜昭和初期

column 1

斬新着物

大正～昭和初期、雑誌の表紙や口絵に描かれた美人画、つまり抒情画は、貴重なファッション情報でもあった。なぜなら写真の技術が未発達だったため、着物の文様を色美しく表現するには絵が最適だったのである。抒情画家は当時のファッションリーダーであり、デパートで売り出す着物の文様図案を描くこともあった。また着物に西洋のアクセサリーや靴をあわせる等の、斬新《ざんしん》な提案もした。

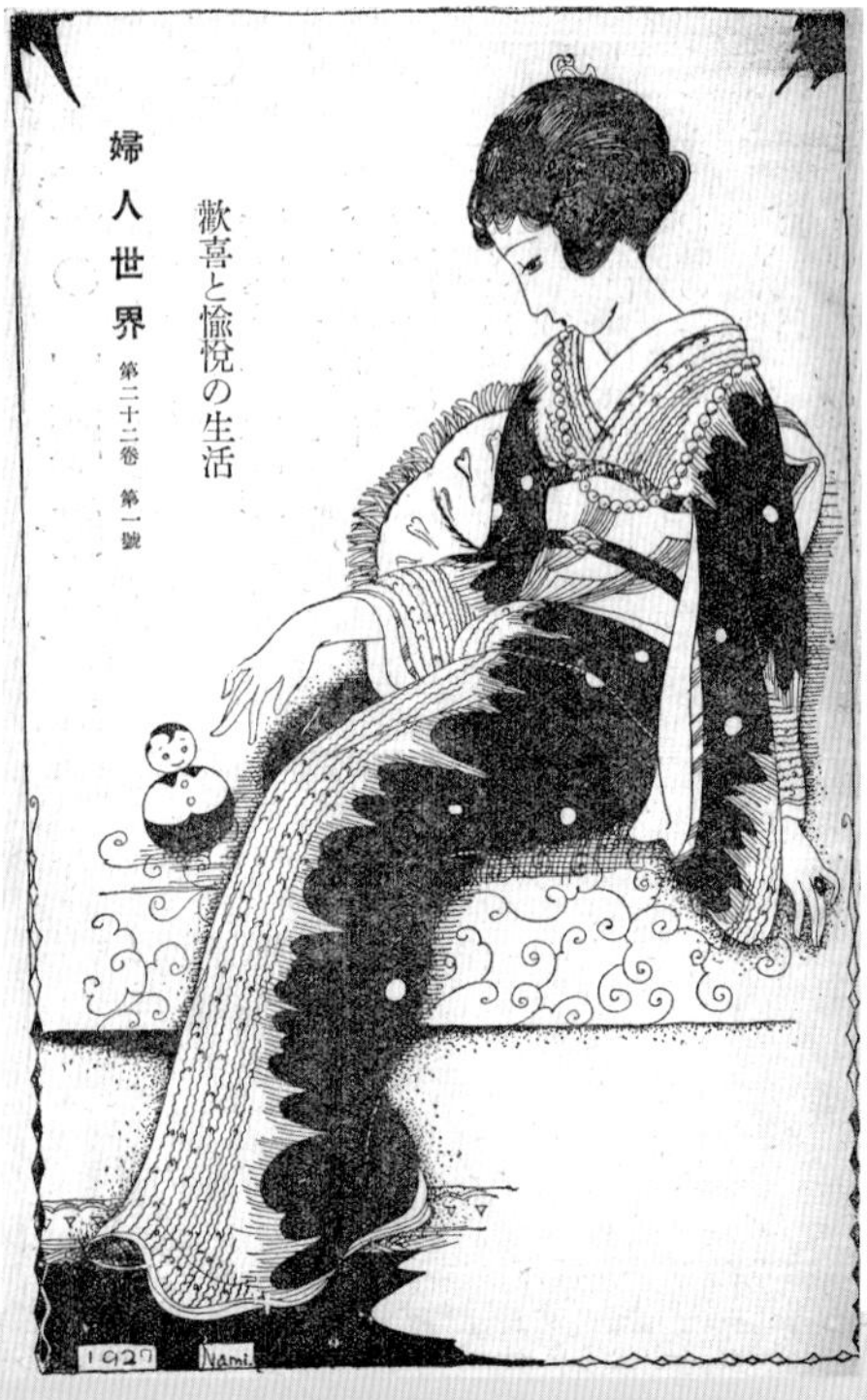

[上] **原田なみぢ／画**
『婦人世界』扉絵
1927年（昭和2）6月号
● 絵の脇に「なみぢ衣裳をまとえる婦人」と添え書きがある。袖口からはみ出ているレースは、襦袢の袖だろうか。リボンも見える。そして袖口と裾には別布がつけられているようだ。帯締めはリボン結び。

[左] **原田なみぢ／画**
『婦人世界』扉絵
1927年（昭和2）1月号

原田なみぢ [はらだ・なみぢ]

詳細不明。大正期、実業之日本社の『幼年の友』、『少女の友』、『婦人世界』に挿絵を描いた。

高畠華宵／画
「月夜のおどり」
便箋表紙絵
ベニバラ社　昭和初期
◉ ブルーからピンクへグラデーションのある着物。袂のビーズ飾り、ネックレス、帯締め代わりのベルト、足には靴を履いた和洋折衷の装い。

杉山刺生／画
「青空の下の少女」
『少女画報』
1931 年（昭和 6）11 月号

杉山刺生

詳細不明。

●夏の着物をミディ丈になるくらいおはしょりを取ると、バタフライスリーブのワンピースに早変わり。一〇〇年前の華宵が当時の女性に向けた着物の２ｗａｙファッションの提案が、アバンギャルドすぎて脱帽である。
　帯を幅広のサッシュベルトに見立て、さらにビジューつきスカーフを帯締めのようにダブルで締め、平安の水干《すいかん》にも似た袂のレースアップとオリエンタルなフリンジが無国籍で幻想的である。が、パラソルではなく和傘であることに親しみを感じる。また、唐突なモノクロの市松模様の掛け襟が、絶妙に全体を引き締めていい仕事をしている。（C・I）

高畠華宵／画
「（仮題）ニューファッション」
出典不明　大正末〜昭和初期

［左］衣裳改造作家・
久村み幸／制作

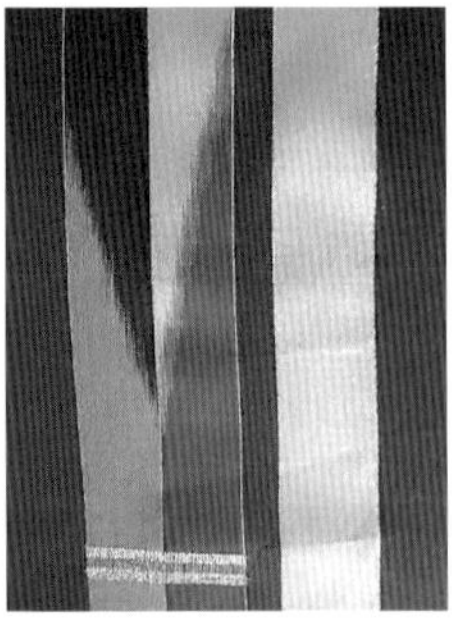

三角《さんかく》

尖った形状を組み合わせると、
リズミカルなおもしろさが生まれる。
少女期特有のエキセントリックな魅力とも通じる文様。

高畠華宵／画
『少女の国』
1927年（昭和2）10月号

蕗谷虹児／画「（仮題）秋深く」
『令女界』
1928年（昭和3）11月号

竹久夢二／画「湖畔の秋」
『令女界』
1927 年（昭和 2）9 月号

月岡夕美／挿絵「弓子」
横山千代／作
『少女世界』
1926 年（大正 15）7 月号
◉ 鋸（のこぎり）の歯のように三角形が並んだ文様は、鋸歯文（きょしもん）といい、古くは弥生時代から見られる。

月岡夕美 ［つきおか・ゆみ］

別名・艸岡夕美、小石默二、たかし。詳細不明。大正末、東京社の『少女画報』、博文館『少女世界』、実業之日本社『婦人世界』に挿絵を描いたが、昭和に入ってからの消息は不明。

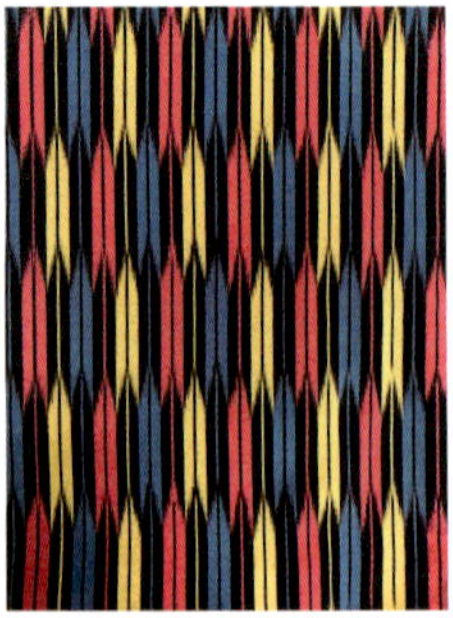

矢絣《やがすり》

大正～昭和初期には、
紫の矢絣の着物に袴《はかま》という
スタイルが、
女学生の通学着の定番であった。

須藤しげる／画「落葉の唄」
大正末～昭和初期

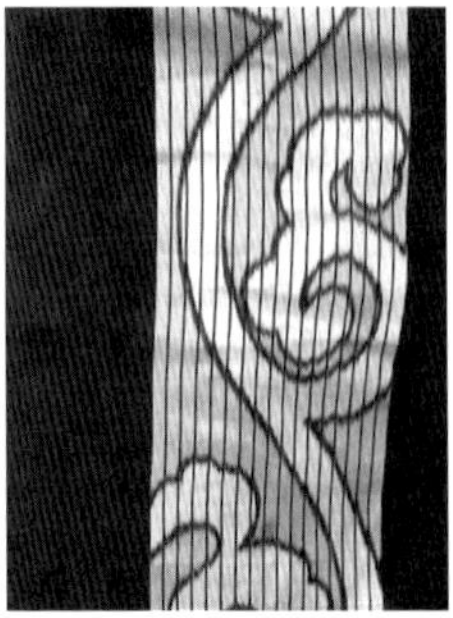

唐草《からくさ》

唐草文様といえば、
風呂敷を連想する人が多いかもしれないが、
戦前の抒情画家が着物に描いた唐草は
アール・ヌーヴォー調で、
西洋の香りを濃厚に漂わせるものだった。

高畠華宵／画「もみぢ」
『少女画報』
1924年（大正13）11月号

唐草文様の仲間には、唐花（からはな）文様もある。唐花は中国の唐代に作り出された空想上の華麗な花の文様。

蕗谷虹児／画「睡蓮と少女」
『少女の友』1933年（昭和8）9月号

蕗谷虹児／画「（仮題）月夜」
出典不明　大正末～昭和初期

高畠華宵／画「（仮題）もみじ」
大正末～昭和初期

孔雀の羽根《くじゃくのはね》

西洋世紀末芸術への
憧れをこめて、
抒情画家たちは
孔雀文様を描いた。
羽根の中に
目玉のように描かれる
ハートもキュート。

蕗谷虹児／画
出典不明　大正末〜昭和初期
● 絵の女性は、着物を洋服のように着て、靴を履き、
羽織をガウンのようにまとっている。

蕗谷虹児／画「姉妹なかよし双六」
『少女画報』附録
1922年（大正11）1月号
● 中央に座っている女性の羽織に、孔雀の羽根文様が見える。

高畠華宵／画「雪の日」
『少女画報』
1926年（大正15）2月号

蕗谷虹児／画「（仮題）室内」
大正末〜昭和初期

高畠華宵／画「よそおい」
便箋表紙絵
大正末〜昭和初期
◉ 帯に孔雀の羽根文様。

名越国三郎／画「薫風」
『初夏の夢』収録
1916年（大正5）
◉ 半襟に孔雀の羽根の文様がある。

鳥《とり》

鶴、千鳥《ちどり》、鳳凰《ほうおう》など、
さまざまな種類の鳥が
着物に描かれた。
自然界に存在するもの、
身辺にあるもの、
すべてを日本人は貪欲に
文様化してきた。

高畠華宵／画「新装」
便箋表紙絵　大正末〜昭和初期

川上千里／画「薔薇」
『少女世界』1926年（大正15）4月号

川上千里 [かわかみ・ちさと]

詳細不明。大正中期の博文館『少女世界』に挿絵を描いた。

名越国三郎／画「薔薇咲く庭」
『初夏の夢』収録　洛陽堂　1926年（大正15）
◉女性の背後には薔薇が咲き乱れ、おびただしい蝶がいっせいに飛び立つ。濃密に立ち込める初夏の芳香……着物の裾に描かれた燕も初夏の鳥。

橘小夢「月の門」
『女学世界』博文館　1916年（大正5）10月号
◉ 西洋では不気味なイメージのある蝙蝠（こうもり）だが、中国や日本では吉祥文様。江戸時代後期には七代目市川團十郎の影響で蝙蝠柄が流行したという。

橘小夢 [たちばな・さゆめ]

本名・加藤凞（かとう・ひろし）。1892～1970年（明治25～昭和45）、秋田県生まれ。川端画学校で日本画を学ぶ。日本画の仕事のほか、挿絵も描き、代表作に、1928～29年（昭和3～4）平凡社『現代大衆文学全集』収録の矢田挿雲作「江戸から東京へ」がある。大正末～昭和初期、自宅を夜華異相画房（やがいそうがぼう）と名づけ、「嫉妬」「女郎蜘蛛」「牡丹燈籠」等の版画を自費出版した。

高畠華宵／画
「新装」
『少女の国』
1927年（昭和2）
1月号

月岡夕美／挿絵「樹に刻んだ言葉」武野藤介／作
『少女世界』　1926年（大正15）7月号

抒情画版

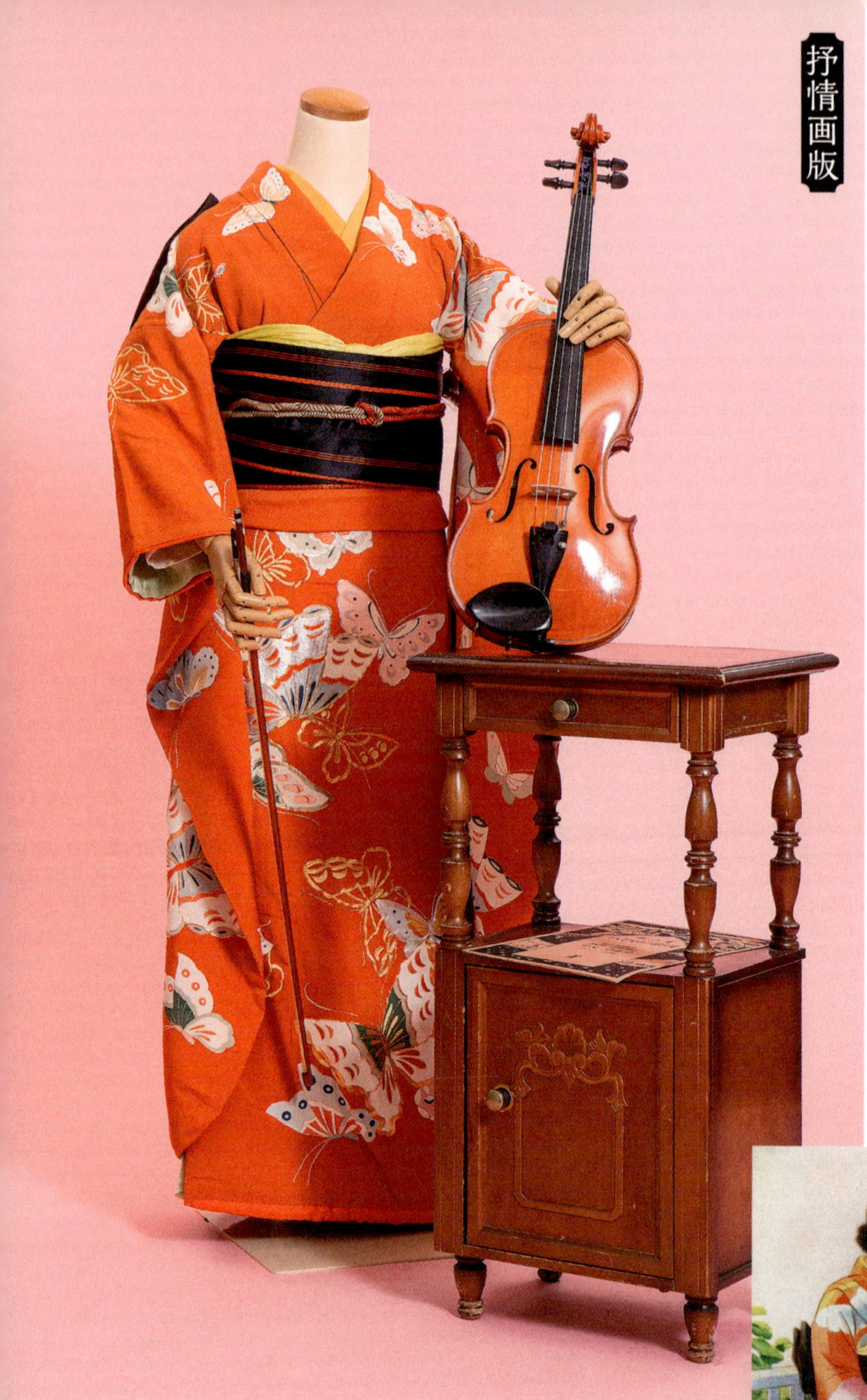

蝶《ちょう》

「蝶よ花よ」という言葉は
女の子を大切に慈《いつく》しむ言葉で、
「ちやほや」の語源。
優雅に舞い飛ぶ姿も、
若い女性の着物文様に適する。

深谷美保子／画
大正末～昭和初期
● 着物文様は、一見蝶の羽に見えるが、花びらなのかもしれない。

別コーディネート版

高畠華宵／画「街の光」
『少女画報』
1926年（大正15）12月号

● 「ド迫力の頭付きの狐の襟巻《えりまき》」でクラシカルな晴れの装いである。動物愛護の観点から脱毛皮の動きもあるが、まだ持っているのなら、供養《くよう》にもなるし最後まで使ってあげよう！ がテーマのコーディネートである。普段着に振り袖を着たって構わないんだと抒情画が気づかせてくれる。（C・I）

菅谷孝子氏
1963年（昭和38）
● 蝶柄の着物はかつて婚礼のお色直しに着用されたもの。

ペン画のように輪郭線のはっきりした揚羽蝶（あげはちょう）の文様。

名越国三郎／画「小狗」
『初夏の夢』収録
洛陽堂
1916年（大正5）

高畠華宵／画「雛の宵」

印象派の絵さながら、蝶も花も光に溶けあったように見える文様。

福田元枝／画「銀砂」
『少女世界』1926年（大正15）7月号

福田元枝［ふくだ・もとえ］

詳細不明。大正末の博文館『少女世界』に挿絵を描いた。

抒情画版

葡萄《ぶどう》・蔦《つた》

蔓《つる》の曲線や、たわわに実った果実は、女体を想わせて官能的。三つに分かれた葉の形も美しい。

蕗谷虹児／画「建設を描く」
震災絵はがき
1923年（大正12）

別コーディネート版

◉丈夫な銘仙《めいせん》はプチアウトドアや仕事もこなせる頼もしい着物である。おめかしには帯と半襟に黄色を選び、アンティーク着物と相性抜群の黒別珍のショールでコケティシュなスタイルに。日本の植物模様は独創的で美しく、歩くアートのようである。（C・I）

高畠華宵／画「落葉」
『少女画報』1925年（大正14）11月号

長谷川露二［はせがわ・つゆじ］

別名･長谷川忠勝。1904 年～没年不詳（明治 37～没年不詳）、出身地不詳。
昭和初期の実業之日本社『少女の友』、大正末～昭和初期の東京社『コドモノクニ』に挿絵を描いた。戦後は偕成社、講談社、ポプラ社等で絵本の仕事をした。

長谷川露二／画　詳細不明
1927 年（昭和 2）

蕗谷虹児／画
大正末〜昭和初期

名越国三郎／画
「無花果（いちじく）」
『初夏の夢』収録　洛陽堂
1916年（大正5）
◉ 半襟に葡萄の文様が入っている。

薄《すすき》

月の光や、夜を連想させる薄文様は、見る者の心に涼しさを呼び、夢幻的な境地にいざなう。

蕗谷虹児／画「初雁」
『少女画報』
1925年（大正14）9月号

抒情画版

● 夏物が秋の図案なのは他人にも涼しさを視覚的にお裾分けという心遣い。日本人は「虫の音」を愛《め》でるが、外国ではノイズ扱いと聞く。蜻蛉《とんぼ》は前にしか飛べない「勝ち虫」として侍《さむらい》にも好まれた。女性の衣服に昆虫を描くセンスは素敵だ。「虫愛ずる姫君」や「ナウシカ」を思い出す。（C・I）

別コーディネート版

須藤しげる／画
「雨ふり」
『少女世界』
1931年（昭和6）

紅葉《もみじ》

秋に赤や黄色に色づく
カエデ科カエデ属の
落葉高木の葉は、
紅葉と総称され、
色も美しいが、
形も幼子のてのひら状で
愛らしい。

高畠華宵／画「落葉」
詳細不明
大正末～昭和初期

等々力愛路／画
「春の鳥」
『少女画報』
1923年（大正12）5月号

等々力愛路 ［とどろき・あいじ］

詳細不明。大正末～昭和初期の『少女画報』に挿絵を描いた。

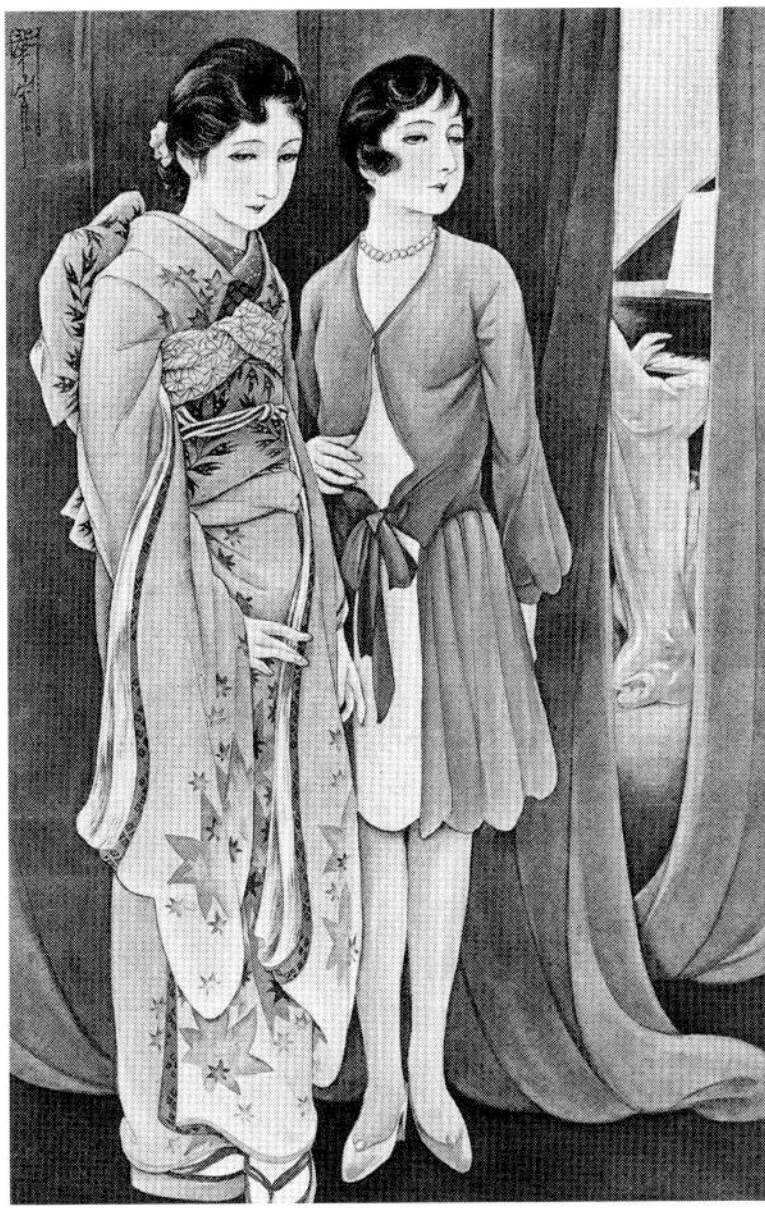

高畠華宵／画
「音楽会の宵」
大正末～昭和初期

八つ手《やつで》

別名を「天狗《てんぐ》の葉《は》団扇《うちわ》」という。魔物を追い払うために天狗が持ち歩いている大きなてのひら型の葉。南国的なイメージがあるが、実は日本原産。

竹久夢二／画「水竹居」
1933年（昭和8）　紙・彩色
● 首元から半襟は見えず、手元には団扇もあり、画中の女性がまとっているのは浴衣であろうか。当時は人前で浴衣を着るとき、幼女でなければ帯はお太鼓に結ぶのが主流だったようだ。

てのひら型の植物文様の中には、図案家が八つ手をデザインしたのか、あるいは鉄線の花のつもりで描いたのか、わからないものもある。夢二の絵の柄は、五弁の花や麻の葉のように見える。

別コーディネート版

夢二の抒情画では衣《え》紋《もん》を盛大に抜き、長襦袢を着ないで、帯は柔らかい単《ひとえ》のようである。であれば、着物の中で胴も首も自由に回るし、大きく振り向けるかもしれない。この着物は、廁《かわや》の裏の八つ手の葉の美しさを気付づかせる心憎い柄である。別コーディネートの、洋服アイテムをガンガン取り入れた、キッチュでデカダンな雰囲気作りは、アンティーク着物ならではの快楽である。（C・I）

高畠華宵／画「（仮題）黒いショール」
出典不明　大正末～昭和初期

笹《ささ》

波のようにうねりながら
風にゆれる笹の葉群れ……
葉と葉がこすれ合う音が
自然への郷愁を誘う。

高畠華宵／画「（仮題）梅」
『少女画報』大正末～昭和初期

高畠華宵／画「（仮題）いちょう」
『少女の国』1927年（昭和2）11月号

一木弴／画「春のたそがれ」
大正末～昭和初期

一木 弴［いちき・とん］

本名・工藤国次郎。1898～1973年（明治31～昭和48）、秋田県生まれ。日本美術院の山村耕花に師事し日本画を学んだ。しかし2年後に洋画に転向し、春陽会の長谷川昇に師事。1925年（大正14）同会に初入選し、1927年（昭和2）には第一回Y氏賞（のち昭和洋画奨励賞）を受賞。1936年（昭和11）に退会するまで、春陽会を主な発表の場とし、その後は個展を開催。東京社の『少女画報』や『コドモノクニ』に多くの挿絵を描き、文芸雑誌の仕事もした。

竹《たけ》

竹のまっすぐに伸びた縦線は、着る人にひきしまった印象を与えてくれる。

名越国三郎／画「そぞろゆき」
『初夏の夢』収録
1926年（大正15年）
◉ 着物の裾に描かれている花は、福寿草かチューリップか。

梅《うめ》

梅の故郷は中国だが、
一〇〇〇年以上前に
渡来したようで、
『万葉集』には
梅を詠んだ歌が一〇〇首以上ある。
寒さの中で、凛と香る気高さが、
日本人の美意識に合ったのだろう。

野原けい子／画
「雪洞（ぼんぼり）」
大正末〜昭和初期

吉岡千種／画
「雪の音」
大正末〜昭和初期

野原けい子 ［のはら・けいこ］

詳細不明。

吉岡千種 ［よしおか・ちぐさ］

別名・木谷千種（きたに・ちぐさ）、本名・英子。1895〜1947年（明治28〜昭和22）、大阪府生まれ。

12歳で渡米し、2年間シアトルで洋画を学ぶ。帰国後、高等女学校在学中より深田直城に師事して花鳥画を学ぶ。東京に移住後は1913年（大正2）より2年ほど池田蕉園に師事。その後も北野恒富や菊池契月に学び、文展、帝展で活躍した日本画家。

紫陽花《あじさい》

開花後の日数や土の性質によって
花の色が変わることから、
「七変化」とも呼ばれ、移り気な女性にたとえられる。
原産地は日本。江戸時代に欧州へ渡り品種改良されて
大正時代に逆輸入され、西洋紫陽花と呼ばれた

林唯一
大正末～昭和初期

篠田十一郎／画「すずみ」
大正末～昭和初期

林 唯一 [はやし・ただいち]

1895～1972年（明治28～昭和47）、香川県生まれ。香川県で松原三五郎に、上京してからは川端画学校で洋画を学ぶ。大正末期から、少女雑誌、婦人雑誌、新聞等に挿絵を描いた。代表作は1934年（昭和9）新潮社『日の出』江戸川乱歩作「黒蜥蜴」。

篠田十一郎 [しのだ・じゅういちろう]

1883～1969年（明治16～昭和44）、岐阜県生まれ。京都で日本画を学んだ後、東京美術学校日本画科を卒業、日本画を描くかたわら、大正末の実業之日本社『少女の友』に挿絵を描いた。

薔薇《ばら》

薔薇が「花の女王」になったのは、明治以降、西洋で改良された華やかな品種が流入してからのことである。異国の香を持つ高嶺《たかね》の花として人々を魅了し、着物の文様における洋花の代表となった。

高畠華宵／画「（仮題）紅梅」
出典不明　大正末〜昭和初期

高畠華宵／画「菊咲く日」
『少女画報』大正末〜昭和初期

抒情画版

画家名不明
出典不明

◉薔薇柄と市松模様という異種柄コラボの作為のなさには、不思議と無邪気な美しい調和がある。別バージョンは薔薇尽くしであるが、あえて襟にハートのピンバッジや、帯締めの締め方で、バランスを崩した。統一感を出すより、少しヌケけたところを作るのもファッションの醍醐味である。（C・I）

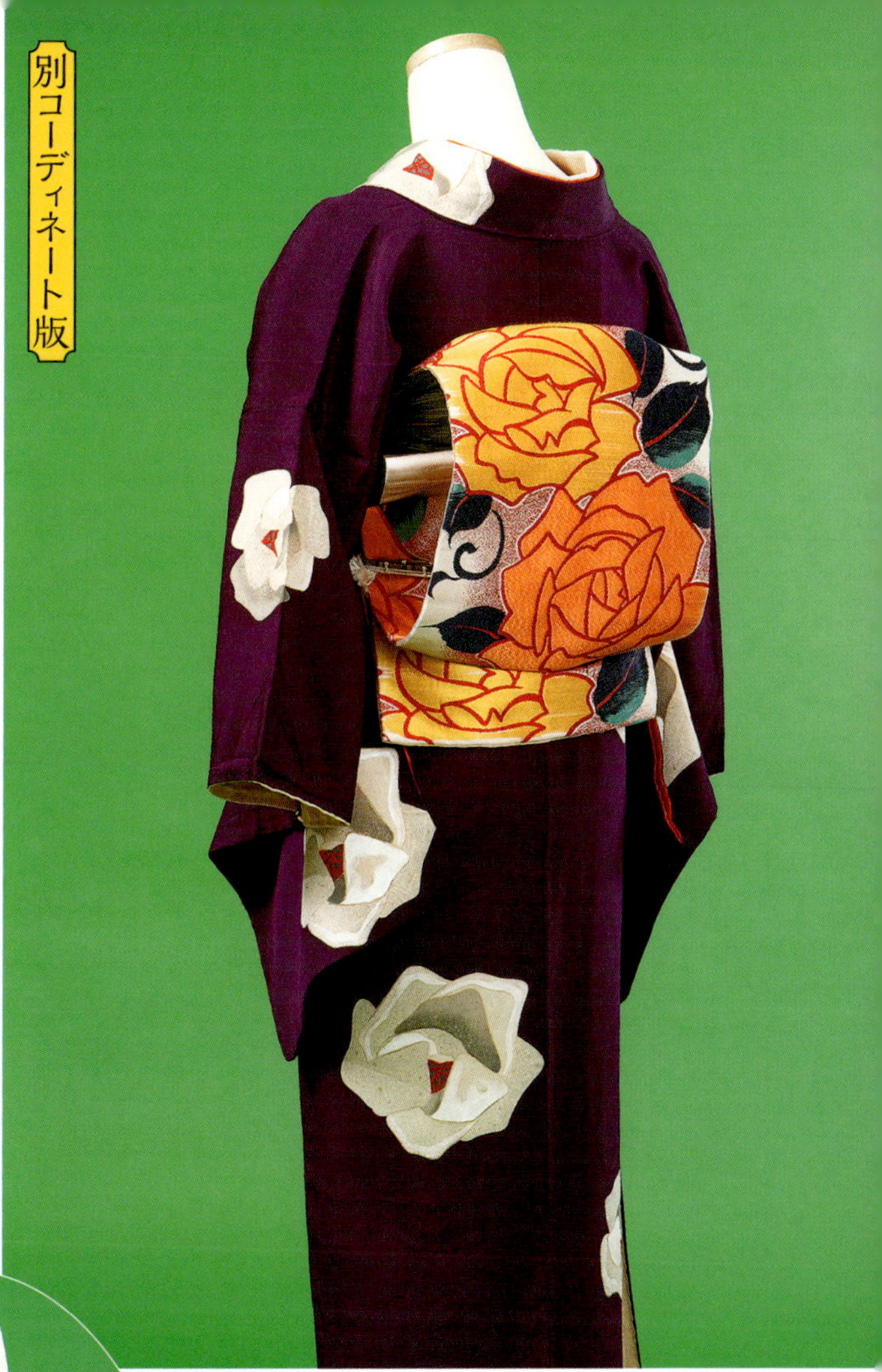

竹久夢二／画『蛍草』表紙絵
久米正雄／著
1920年（大正9）
◉帯締めは斜めに結ばれている。

column 2

ハートのときめき

蕗谷虹児／画
「船……送る者」（別れ四題）
『令女界』
1925年（大正14）7月号

現代、女性のグッズにはよくハート文様があしらわれるが、ハートに似た形は日本において、案外古くから使われてきたのである。たとえば神社の建築物の装飾に使われる「猪目《いのめ》」はハートによく似ており、また、葵《あおい》の葉もハート型である。そして明治末頃からは、抒情画の着物文様にハートがよく描かれるようになった。それはトランプを用いたゲーム遊びがさかんになり、西洋的な文様として人気を得たためである。トランプ柄では、他にダイヤやクローバー文様も着物に見られるが、やはり一番人気はハートであった。だが描かれた多さに比して、現存する着物や帯にハートその他のトランプ柄が見られる例は少ない。

月岡夕美／画「鍵」
『少女世界』
1926年（大正15）6月号

蕗谷虹児／挿絵
「霧に咲く花」蕗谷虹児／作
『少女画報』1931年（昭和6）7月号

月岡夕美／画
「私の部屋のもの――博多人形」
『少女世界』1926年（大正15）11月号

蕗谷虹児／画「みどりの丘」
『少女画報』1923 年（大正 12）7 月号

小石黙二／画「サンタルチヤ」
出典不明
● 小石黙二と月岡夕美は同一人物ではないかと想像される。描く人物の顔も似ているが、ハートやダイヤなどトランプ柄の着物を好んで描く点も共通している。

小石黙二 ［こいし・もくじ］

月岡夕美と同一人物と考えられる。別名・艸岡夕美、たかし。詳細不明。大正末、東京社の『少女画報』、博文館『少女世界』、実業之日本社『婦人世界』に挿絵を描いたが、昭和に入ってからの消息は不明。

清原ひさし／画「まどぎわ」
『婦人世界』
1926 年（大正 15）8 月号
● 帯にハートやスペードの文様が入っている。レースのカーテンから透けて見える背景の緑が美しい。

清原ひさし ［きよはら・ひさし］

詳細不明

一木弴／画「カーテンの蔭」
『少女画報』1921 年（大正 10）6 月号

column 3

謎の葉

葉文様には、花文様のような華やかさはない代わりに、みずみずしい清涼感がある。際限なく伸びていきそうな蔓《つる》植物、着る者の全身を覆いつくすほど巨大に描かれた一枚の葉など、画家の想像力によって生い繁った空想上の植物が、抒情画の着物をさわやかに飾った。

小野里主計／画「ひなげし」
『少女の友』
1929年（昭和4）5月号

小野里主計

詳細不明。昭和初期の実業之日本社『少女の友』に挿絵を描いた。

蕗谷虹児／挿絵「悩みをとおして」
『令女界』1928年（昭和3）

［左］**月岡夕美／画「丘」**
『少女世界』1926年（大正15）6月号
● 葉の文様が大胆に描かれた着物に、レースの透けるショール。樹木の細密な描写と、着物やショールの文様、細密描写どうしの重なり合いが、心地よい酩酊感をもたらす。

菊《きく》

古来、不老長寿の薬とされてきた。
宮廷女官たちは、
菊に真綿を被せて一晩置き、
翌朝、その綿で化粧をした。
若返りを願ってのことと伝えられる。
時代が変わっても、
女性の願望に変わりはない。

高畠華宵／画「幸せを祈りて」
便箋表紙絵　ベニバラ社　1935年（昭和10）頃

林唯一
出典不明

竹久夢二／画
「独占い（ひとりうらない）」
『少女世界』
1926年（大正15）1月号

呉羽麓郎／画「ほこり」
『少女世界』 1926年（大正15）4月号
◉ 裾と袂に、松と花の文様が入っている。花は一重の菊か？ 背後に描かれた孔雀の羽根が見事。

二瓶あい子／画「わすれえぬひと」
『少女世界』1926年（大正15）11月号
◉ 菊文様のそろいの着物を着た姉妹。

二瓶あい子［にへい・あいこ］

詳細不明。大正末、博文館の『少女世界』に挿絵を描いた。

column 4

縞との組み合わせ文様

深谷美保子
出典不明
● 縞と水玉の組み合わせ。

高畠華宵／画「鈴虫」
『少女画報』表紙
1928 年（昭和 3）9 月号
● 緑の濃淡による横縞に白い輪文がさわやか。

桐谷天香／画「ひきぞめ」
『少女画報』1921年（大正10）1月号
● 縞のある更紗文様の羽織、背後の壁紙、手にした楽器が、異国情緒と郷愁を呼ぶ。絵の作者・桐谷天香は布のデザインにおいても活躍した人。

大正～昭和の着物に多いのが、花や円などと縞を組み合わせた文様である。抒情画家の高畠華宵は、着物文様を多彩に描きわけることを得意とし、「同じ文様を繰り返し描いたことはない」と誇った。生涯に何万枚描いたか数えきれない絵に、その都度異なる文様を考案するにあたって、彼はこの手法をよく用いた。たとえば同じ百合の花を描いても、そこに組み合わせる縞の色や幅を変えるだけで、まったく異なる文様が生まれる。この手法は他の時代にはあまり見られず、大正浪漫、昭和モダン期の着物の特徴のひとつといえよう。

桐谷天香 ［きりや・てんこう］

本名・桐谷かつら。1896～1929年（明治29～昭和4)、東京生まれ、新潟県出身。鈴木華邨（かそん）に師事した日本画家。1926年（大正15)、兄の日本画家、桐谷洗鱗とともに欧米を旅行。帰国後、東京の武蔵野女学校で教鞭を執るかたわら、天香更紗を考案し、制作。1927年（昭和2）の帝展美術工芸部に壁掛けが入選。

桜《さくら》

坂口《さかぐち》安吾《あんご》は「桜の森の満開の下」で
鬼女に惨殺劇を演じさせ、
梶井《かじい》基次郎《もとじろう》は「桜の樹の下には
屍体が埋まっている」と書いた。
生の極みである花の盛りに「死」の影が交錯する。

呉羽麓郎／画「思い出の丘」
『少女世界』
1926年（大正15）4月号

［左］**月岡夕美／画「丘」**
『少女世界』
1926年（大正15）6月号

着物に肩の部分に藤、その下に青い山脈風景を、さらにその下にタンポポや菫など春の草花を描いた着物。

藤《ふじ》

長い花房が連なって咲き乱れる様子は、紫色の霞のようである。貴族の家紋としても使われた高貴な花。

高畠華宵／画「薔薇の幻」
便箋表紙絵
大正末～昭和初期

野原けい子／画「にこやか」
大正末～昭和初期

百合《ゆり》

うつむきかげんの姿が、
しおらしい女性を連想させる花。
しかし面《おもて》を伏せた姿は、
心の中で何かを
たくらんでいるようにも
見えるが……。

須藤しげる／画
詳細不明

作者不明（M.とサインあり）
「多摩川河原のおもいで」
『少女の友』
1924年（大正13）9月号

高畠華宵／画「藤むらさき」
便箋表紙絵
大正末〜昭和初期

牡丹《ぼたん》

透き通るように薄い花びらを
幾重にも重ねた美しさは、
「立てば芍薬《しゃくやく》、座れば牡丹」と
美女にたとえられる。

[左] **林唯一／画「春宵曲」**
出典不明　大正末〜昭和初期

蕗谷虹児／画「(仮題) おもい」
出典不明　大正末〜昭和初期

浅井みつい［あさい・みつい］

三井との表示もあり。詳細不明。日本画家・尾竹越堂の娘で、日本画家・浅井県竹の養女となる。

［右］**須藤しげる／画「初演奏」**
出典不明　大正末〜昭和初期

浅井みつい／画「春の曲」
出典不明　大正末〜昭和初期
◉ 帯の牡丹文様に目をとめてほしい。

朝顔《あさがお》

早朝に咲く朝顔は、
朝から働く勤勉な日本人にとって、
親しみ深い花。
江戸時代、八重咲や反り返った花びらなどの、
新種朝顔育成がさかんになった。

深谷美保子／画「涼を追う」
大正末～昭和初期

別コーディネート版

●素足に下駄、帯留めには二匹の陶製の鮎を泳がせて、アクティブに水辺のお散歩シーン。着物から小物まですべてが絽《ろ》なので目にも清涼感がある。ノスタルジックな愛らしいリボンつき麦藁帽子なら風が吹いても大丈夫。浴衣に飽きたら「夏の着物」で一日をすごしてみたいものである。（C・I）

竹久夢二の恋人・モデルであったお葉さん、海辺での1枚。紐を顎下で結んだ、つばの大きな帽子が夏らしく可愛らしい。

column 5

謎の花

杉山しぐれ／画
「夕日はかくれて…」
『少女世界』
1926年（大正15）4月号

抒情画家が描いた花文様の中には、「これは菫《すみれ》？」「これは合歓《ねむ》？」と、思ってみるものの、葉の形が違っていたり、花びらの数が異なっていたりして、何の花か特定できないものが多い。抒情画家が植物学的な正確さより、視覚的な美しさを優先して描いたせいで、抒情画の乙女たちはしばしば「謎の花文様」を身にまとっている。一方、着物に文様を書いていた図案家たちも同様だったので、現存しているアンティーク着物の中にも、「謎の花文様」は多い。

杉山しぐれ［すぎやま・しぐれ］

生没年、出身地不詳。
絵葉書の絵や、大正末の博文館『少女世界』に挿絵を描いた。詩作もし、1929年（昭和4）昭文館の『抒情詩集』には竹久夢二や西條八十等と一緒に詩が掲載されている。また単独の詩集『美くしき幻』を1924年（大正13）に文化社より刊行した。

久保田清春／画
「春の夜の星」
1925年（大正14）

須藤しげる／画
大正末〜昭和初期

月岡夕美／画
「黄色いチウリップ」江川楓子／作
『少女世界』
1926年（大正15）6月号

須藤しげる／画「花売り娘」
『少女倶楽部』講談社
1929 年（昭和 4）

呉羽麓郎／画「若葉のささやき」
大正末〜昭和初期

深谷美保子／画
「四ツ葉のクローバーのたより」
『少女の友』附録絵葉書
1929 年（昭和 4）1 月号

林唯一／画「鏡の前」
大正末～昭和初期

高畠華宵／画
「（仮題）もみじ葉」
大正末～昭和初期

桔梗《ききょう》

星の形をした、紫の花。
薬草でもあり、根は咳を鎮《しず》めるための
薬として重宝されてきた。
紫陽花、鈴蘭、水仙など、
毒を持つ花も多い中、
桔梗は可憐な姿そのものの
優しい花である。

名越国三郎／画「水のほとり」
『初夏の夢』収録
1916年（大正5）
◉ 帯が桔梗の文様。

浜岡織江／画「鳩」
大正末〜昭和初期

浜岡織江［はまおか・おりえ］

濱崗との表示もあり。生没年、出身地不詳。大正中期の博文館『淑女画報』、東京社の『少女画報』、大正末〜昭和初期の東京社『コドモノクニ』に挿絵を描いた。

高畠華宵／画
「（仮題）輝く月を浴びて」
『少女画報』
1925年（大正14）7月号

撫子《なでしこ》

花言葉は「可憐《かれん》」「貞節《ていせつ》」であり、
日本女性の代名詞とされる。
春から秋にかけて咲くところから
「常夏《とこなつ》」という呼び方もあり、
「源氏物語」や、泉鏡花、佐藤春夫など
大正期の文学には、この名で登場する。

高畠華宵／画「たまづさ」
大正末〜昭和初期

薊《あざみ》

針が集まったような花の形や、鋭い棘《とげ》のある葉が野性的。媚《こ》びることのない女性を連想させる花。

川上千里／画「御年始状」
『少女世界』
1926年（大正15）1月号

芥子《けし》

戦前の芥子には、阿片の幻覚を呼ぶ妖しさが秘められている。

川上千里／画「クリスマスの夜」
『少女世界』
1926年（大正15）12月号
● 天井からシャンデリアが下がり、カーテンの向こうには南国風の植物が見える、夢の御殿。

椿《つばき》

花の終わりに、
花弁の付け根から
丸ごと落下する様子が、
首が落ちるさまを連想させて、
「不吉」ともされ、
「潔《いさぎよ》い」ともされる。

竹久夢二／画「みあい」
出典不明

蕗谷虹児／画
『令女界』表紙絵
1925 年（大正 14）2 月号

蕗谷虹児／画「（仮題）芽ぶく頃」
『少女の友』
1936 年（昭和 11）3 月号

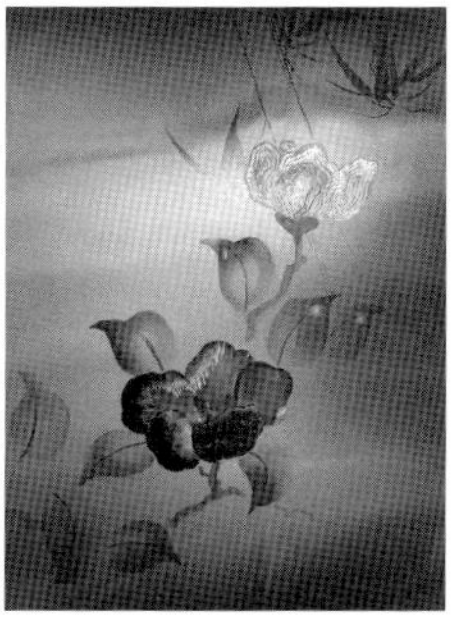

竹久夢二／画「火鉢」
紙・水彩

波《なみ》

流水を描いたもの、
水草や柳、あるいは船を配したものなど
多岐に渡る。
水は涼しさを呼ぶので、
夏の薄物や浴衣によく描かれた。

蕗谷虹児／画
『令女界』表紙絵
1915年（大正14）8月号

柳の木の下、白波がたった流水の上に、桔梗の花のみがのった小舟が浮かんでいる。色・柄ともにとても涼し気な夏の絽の着物の裾模様。

松本かつぢ［まつもと・かつぢ］

本名・松本勝治。1904～1986年（明治37～昭和61）、兵庫県生まれ。挿絵画家、漫画家、童画家、グッズ・クリエイター。東京で育ち、立教中学を中退。川端画学校でデッサンを学ぶ。昭和初頭、少女雑誌で挿絵画家としてデビュー。抒情的な中にも、はつらつとした明るさをもつ新しいタイプの少女画を確立。加えてユーモアタッチの挿絵や漫画にも挑戦し、新境地を開拓する。1938年（昭和13）開始の「くるくるクルミちゃん」は少女漫画の先駆け的作品。

松本かつぢ／画
「（仮題）うた物語」
大正末～昭和初期

名越国三郎／画「春宵」
『初夏の夢』収録
1916年（大正5）
● 帯の文様が青海波。

幾重にも半円を連続させた波文様を青海波（せいがいは）と呼ぶ。この青海波は、中に花や蝶がぎっしりと描かれてにぎやか。

人物《じんぶつ》

現存する布地や着物を見ると、日本の絵巻、浮世絵などから女性や子どもを写した文様が多い。

一方抒情画には、異国風の人物文様が多い。

竹久夢二／画「風光る」
『女学世界』 1912 年（明治 45）4 月号

月岡夕美／画「少女抒情画集、女流歌人歌集」扉絵
『少女画報』1926 年（大正 15）1 月号

橘小夢／画
『女学世界』
1917 年（大正 6）3 月号
◉ 百人一首の札をちりばめた着物文様。

第2章 呉服屋のお嬢さん、着物ライフ拝見

京都府に生まれ育ち、二八歳で歿《ぼつ》した浮田《うきた》良子《よしこ》さん（一九一六～一九四四年「大正五～昭和一九」旧姓・横川良子）の着物と写真、着物と身のまわりの品々（小間物）によって、当時の若い女性の着物ライフを紹介。

現在アンティーク着物と呼ばれる着物が、日常生活の中でどのように着られていたかをご覧いただきます。

また、彼女の生家だった呉服商「かわきたや」の明治時代の写真は、当時、着物販売にかかわった人々の様子を、今に伝えてくれます。

浮田良子　1935年（昭和10）頃。

呉服屋のお嬢さん
——浮田良子

浮田良子は、一九一六年（大正五）京都府福知山《ふくちやま》市の呉服商「かわきたや」の四代目当主・横川彌《よこかわや》兵衛《へえ》の次女として生まれた。

明るく優しい人柄が周囲の者から愛され、家族の中では末っ子として可愛がられながら育った。呉服を商うという生家の商売柄、良子は相当な衣裳持ちであった。店に新商品が入荷すると、その中から一番良いものを選んで「これ私のにする」というわがままぶりを発揮したが、家族は「よっちゃんには、かなわんわ」と言いながら笑っていたという。姿の美しい良子が華やかに装うことは、店の宣伝にもなったのであろう。

［右］1935年（昭和10）頃。
［左］臙脂（えんじ）とベージュの太い縦縞に、菊をあしらったお召し。着ている写真と現存している着物とでは、襟の部分が異なるが、洗い張りした機会にでも、縫い直されたものと考えられる。

姪とともに、庭にて。
良子の着物は、娘である髙橋智世子（ちせこ）によって長いあいだ大切に保管されてきた。かなりの枚数が残されていて、本書の各所にその画像を掲載したが、この写真の着物は現存しない。昭和初期の関西好みを反映した大柄で華やかな文様である。1938年（昭和13）。

右頁と同じ着物に羽織を着た写真。この菊文様の着物を良子は気に入っていたらしく、着用した写真が多く残されている。1935年（昭和10）頃。

良子の実家の呉服商は、屋号を「かわきたや」といい、一八三〇年（天保元）に初代・横川彌兵衛が興した店で、現在は七代目が跡を継ぎ洋服屋を営んでいる。下の写真は一九〇〇年頃（明治三〇年代）に写されたものだが、この時代の呉服屋の様子が偲《しの》ばれる資料として貴重なものである（良子はまだ生まれていない時代のもの）。ガス灯や自転車の荷車が時代を感じさせる。店頭に吊るされている布類は、刺繍の半襟や手ぬぐいの類だろうか。

この店は、お得意さまの家に商品を持って伺う訪問販売もしており、裕福な家のお嬢さまの婚礼時などには、お嫁入先に持参する箪笥に入れる着物を任されたということである。

使用人も多かったが、この店では主人家族も使用人も隔てない生活をしていたという。前列にいる子どもたちの姿を見ると、羽織丈が現在のものより、かなり長かったことがわかる。呉服商だけあって、女の子たちは皆きらびやかな着物を着ている。

1935年（昭和10）頃。かわきたや店内に商品が陳列されている様子。マネキンは、大きな麻の葉文様の着物に、牡丹文様の羽織を重ねている。

1900年頃（明治30年代）、かわきたや店頭にて。

洋服姿の写真も多く残されている。洋服に絵日傘をさした和洋折衷ないでたち。1935年（昭和10）頃。

住居を兼ねていた店の屋根にしつらえた物干し場で、姪と一緒に。
背景に広がるのは、昭和初期の京都府福知山市の家並。1937年（昭和12）。

良子は1939年（昭和14）3月に、結婚して2人の子どもをもうけた。夫・浮田俊一の手前に良子。彼女の後ろが長女の智世子、膝に抱いているのが長男の博臣（ひろおみ）。義母は良子を大変気に入り、結核を患うようになると、女中さんがいるにもかかわらず、良子の看病を希望した。病人の近くで看病をした良子は感染し、1944年（昭和19）、28歳2か月で他界した。1942年（昭和17）の写真。

鶴を大きく描いた文様の羽織姿の良子。1935 年（昭和 10）頃。

鶴の羽織は傷みもなく保存されている。
1935 年（昭和 10）頃。

［左］槌車（つちぐるま）文様の着物も、更紗文様の帯も綺麗な状態で現存している。1935年（昭和10）頃。
［下］槌車文様の着物に更紗文様の帯を締め、友人たちと一緒に写した写真。皆華やかに装っている。1935年（昭和10）頃。

橘小夢／画

出典不明

◉ 昭和初期の文芸雑誌に掲載されたのではないかと思われる挿絵。女性の裲（うちかけ）に描かれているのは槌車文様である。槌を円く束ねており、一見風車のようにも見える文様。「槌を打つ」が「敵を討つ」に通じるところから、縁起が良いとされる。槌といえば、現在は「金槌」が一般的であるが、古来の文様に見るのは「木槌」である。
着物の桐の葉文様から、この人物は豊臣秀吉ではないか、と推測される。

槌車文様の部分拡大。

槌車文様の着物を着た良子。
1935年（昭和10）頃。

母・娘・孫三代でひとつの着物を着てみたら

前頁で良子が着ていた槌車文様の着物は約八〇年ほど前のものだが、これからも時代を超えて次世代に受け継がれていってほしいとの願いをこめて、母娘三世代の女性に着ていただいた。一枚の着物が、合わせる帯や小物によって、年齢の異なる女性にフィットする様子も見ていただきたい。

◉鮮やかな青地に白と適度な赤の分量が、着る方の年齢を選ばない八〇年ほど前の鎚車柄の着物。御三方には補正をせず、襟芯も帯板も使わず、紐三本伊達締め二本だけで着ていただいた。また、抒情画風に長襦袢合わせがわかるように袖口から「こぼして」みた。（C・I）

ビビッドな黄色の半襟は当時の物で、赤いチューリップと春の花々の描かれた昼夜帯（ちゅうやおび）を、町娘のように角だしに結び、小物に原色をたくさん足して、若さならではの元気いっぱいの着こなしに。

着物が一番しっくりなじむ年代のお母さまには、ペパーミント地に牡丹の刺繡の帯と、白い花のレース織の半襟、ピンクの帯揚げで女性らしくエレガントに。太め平織の重厚な帯締めは当時のもので、色使いが斬新。

長寿の願いを込めた縁起の良い桃の刺繡半襟と、半幅にしたピンクの博多帯は当時のもので、白紺２色の三分紐に自然石の帯留めというシックなアレンジ。人生経験を積んだ女性だけが持つ、優しさあふれるこなれた雰囲気は憧れ。

良子の婚家・浮田家に遺されている小物類

携帯洗面セット。持ち手の付いたトランク型の箱には、蓋の内側に鏡が貼ってある。香水瓶、白粉刷毛、櫛、歯ブラシ入れ等、化粧道具とともに。

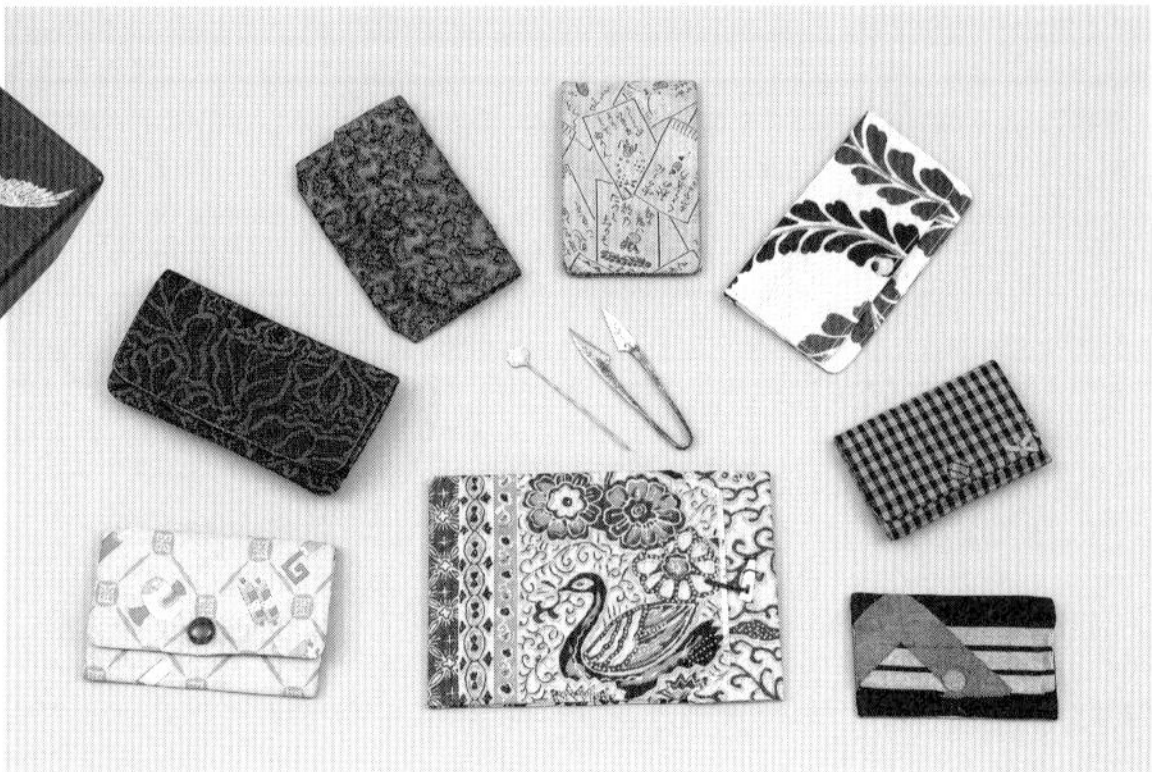

［左］鶴の文様入り、漆塗（うるしぬ）りの文箱。
［右］裁縫セットや、紙入れ、ようじ入れなど。

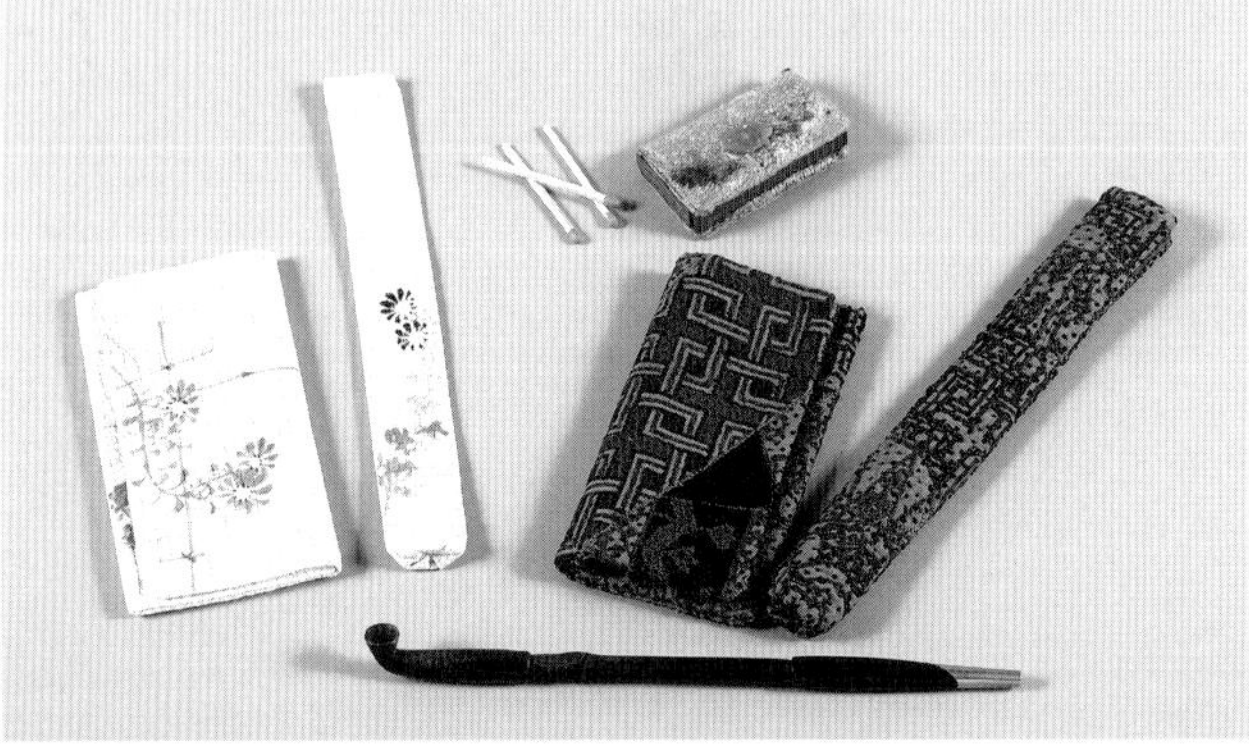

携帯喫煙セット。煙管（きせる）や煙草（たばこ）、マッチを入れて持ち歩くために使った携帯煙草入れ。右のセットが男性用。左のセットが女性用。いずれも手刺繍が施されている。とくに男性用のものは一見布の文様に見えるが、すべて刺繍（相良刺繍）による文様であり、大変に凝ったもの。良子は喫煙しなかったので、他の家族が使用したものである。

第3章 文学と着物

戦前の文学に、当時の着物事情を見ていきます。
今回とりあげる徳田秋聲《とくだしゆうせい》、吉屋《よしや》信子《のぶこ》、菊池《きくち》寛《かん》は、
大正から昭和の初期にかけて活躍した小説家ですが、
いずれも、時代の風俗を丹念に描写したことで知られる作家です。
つまり彼らの作品には、
現在アンティーク着物と呼ばれている着物の情報が、
豊富に含まれているのです。
そんな小説家たちが書いたヒロインの着物姿を、
文章や挿絵を手がかりにしながら再現しました。

「花物語――合歓の花」吉屋信子／作　蕗谷虹児／画
『少女画報』1921年（大正10）6月号

徳田秋聲《とくだしゅうせい》

徳田秋聲は、庶民の暮らし、庶民の生きざまを書いた文学者である。そんな秋聲作品のヒロインは、やはり庶民的な着物を着ている。華やかさや奇抜さはないが、長いこと日本人が親しみ、いつくしんできた文様の着物。特別な金持ちやお嬢さまというわけではない、ごく普通の女性が、箪笥の中に一枚はもっている、井桁《いげた》や矢絣といった文様の着物である。

徳田秋聲　写真提供／徳田秋聲記念館

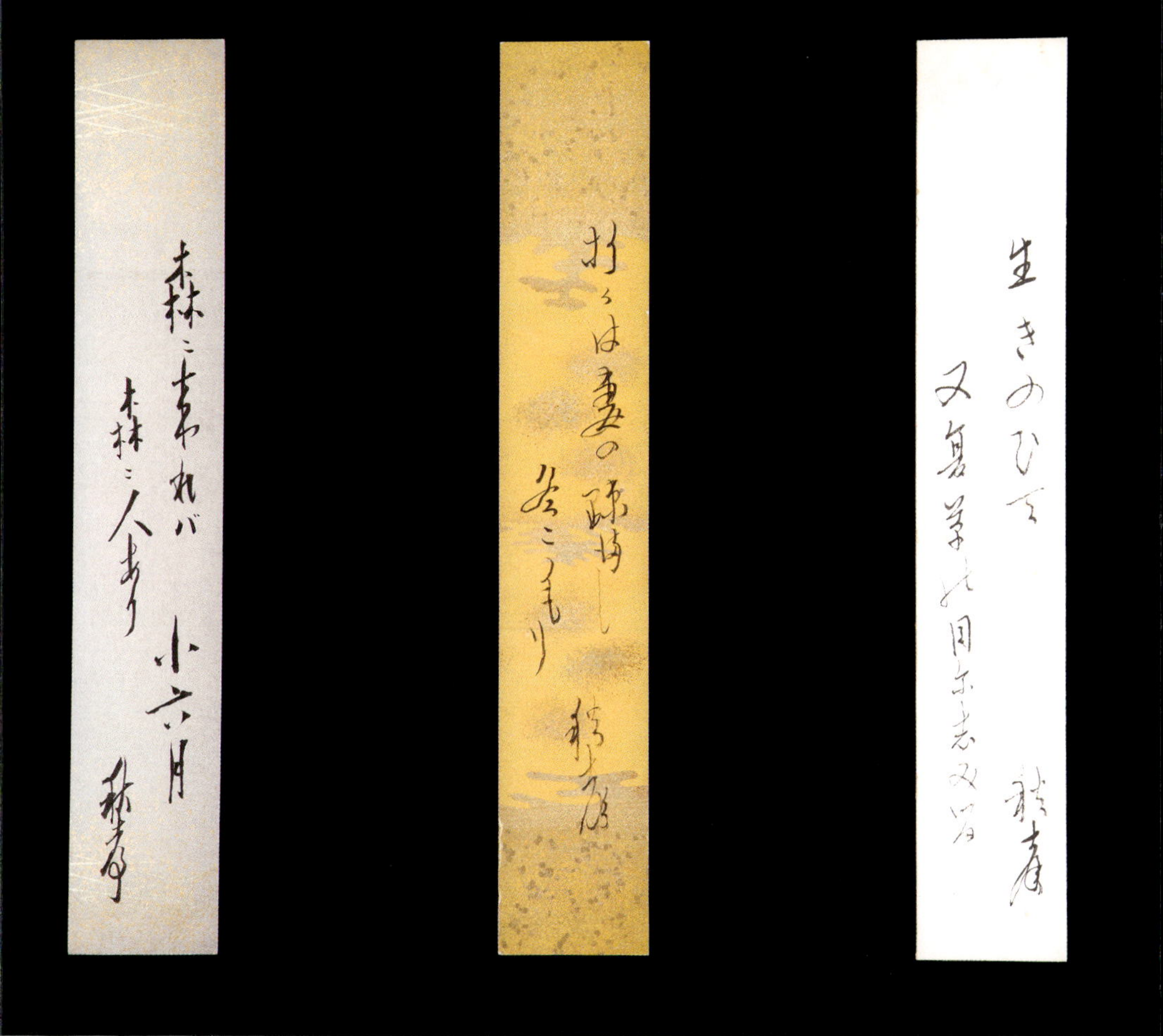

短冊、右より

生きのびて　又夏草の目にしみる
折々は妻の疎（うと）まし冬こもり
森に来れば森に人あり小六月

● 秋聲は師・尾崎紅葉の勧めで句作を始め、現在までに約二〇〇句が確認されている。
揮毫（きごう）を依頼された際にはお気に入りの数句から選ぶことが多く、これらはその代表句である。

とくに「生きのびて」は1936年（昭和11）7月、大病から奇跡的に回復した際の感慨を詠んだもの。金沢卯辰山の秋聲文学碑にも、同郷の室生犀星の筆でこの句が刻まれている。（徳田秋聲記念館学芸員　籔田由梨／解説）

徳田秋聲［とくだ・しゅうせい］

本名・末雄。1871～1943年（明治4～昭和18）、金沢県生まれ。

小説家を志して高等学校（第四高等中学校）を中退し、尾崎紅葉の門下生となる。短編作品、新聞連載などで実力を示し、自然主義文学の担い手として文壇で確固たる地位を築いた。代表作「黴（かび）」「あらくれ」「仮装人物」「縮図」など。

マントの内側に刺繍された「徳田」のネーム。
秋聲宅には7人の子どもがいた。秋聲は家族の声がにぎやかに聞こえて執筆に集中できないときには、鞄に原稿用紙を詰め込んで出かけ、旅館やホテルで仕事を続けた。写真の鞄は少し遠出の際に使ったもので、普段はこれより小さな折鞄を使用していた。

左より、久米正雄、徳田秋聲、池田義信。松竹撮影所にて、1924年（大正13）
写真提供／郡山市こおりやま文学の森資料館

［右］徳田秋聲が着用したマント、愛用の鞄、ステッキ。このマントは、「二重回し」または「トンビ」と呼ばれた男性用の外套。

あらくれ

「あらくれ」あらすじ

お島は実母に疎《うと》んじられ、七歳のとき他家にもらわれ、養父母のもとで育った。幼いときには、焼けた火箸《ひばし》を手に当てられるなどの折檻《せっかん》を実母から受けたお島であるが、気性は荒いながらも明るい娘に育った。養父母に気に入られようと努力してきたせいか、人一倍働き者だ。

年頃になり結婚を決められた相手の男を好きになれず、養父母の家を飛び出したお島は、何度か結婚や恋愛を経験するが、落ち着くことができず、しだいに思い切り働き、自力で生き抜いてやろうと思いはじめる。商売を始め、何度も失敗して窮地に陥りながらも、持ち前のたくましさで乗り越えていく。

お島が良人の周囲にいる女性たちに対抗しようと華やかに装ったシーンでは、いつもと様子の異なる彼女を見た姉が驚く場面がある。

「成金の令嬢か新造《しんぞ》の着る様な金目のものを取寄せて、思い切ったけばけばしい身装《なり》をして、のっけに姉を訪ねたとき、彼女は一調子かわったお島が、何を仕出《しで》来《か》すかと恐れの目を瞠《みは》った」

「あらくれ」と言われるほど逞しく困難に立ち向かっていくお島に、華美な装いは似合わない。挿絵は初出からだいぶ年月が経った一九六九年（昭和四四）の文学全集に収録された際に描かれた挿絵であるが、お島はあっさりとした幾何学文様の着物姿に描かれているので、アンティーク着物を用い、矢絣文様の着物姿を作ってみた。

「あらくれ」徳田秋聲／作
初出『読売新聞』1915年（大正4）1月12日～7月24日
● 掲載の挿絵は1969年（昭和44）河出書房新社『カラー版日本文学全集 12 徳田秋聲・正宗白鳥』収録「あらくれ」安西啓明／画

安西啓明［あんざい・けいめい］

本名・正男。1905～1999年（明治38～平成11）、東京生まれ。川端竜子に師事した日本画家。1926年（大正15）に院展初入選。1929年（昭和4）青竜社の結成に参加。1945年（昭和20）新京芸術院教授として満州に渡り、帰国後は建築をテーマに青竜展、個展などで活躍。

「私はじっとしていられない性分だからね」。
結婚話がいやで、養家から実家に帰ったお島は、そう言いながら、
こまめに体を動かして働いた。

植木の苗などを作って商売をしている実家は、
相当の土地持ちだがお島を疎んじている実母は、
「そう毎日毎日働いてくれても、お前のものといっては
何にもありゃしないよ」と憎々しげに言う。
広く持っている土地を子どもたちに相続するにあたって、
お島には与えないと言うのである。

◉ お島の良人となった鶴さんは、浮気っぽい男で、愛人がいるのではないかと、お島は疑いを持っている。他の男と結婚した幼なじみの女・おゆうとも時々会っているらしい。それを姑からなじられたおゆうがいきなり剃刀で髪を切って、庭の井戸へ身を投げようとしたとき、お島は思わず裸足で飛び出し、おゆうをおさえた。泣き崩れているおゆうを、いじらしいとも妬ましいとも思うお島であった。

◉ お島は裁縫師の小野田という男と知り合い、２人で洋服屋を始めた。景気の良いときもあれば、ぱったりと注文の途絶えることもある。金があるときには、お島は周囲の者に、物をくれたり、食べ物をふるまったりと、気前のいいところを見せた。悪いときには、着のみ着のまま行くあてもなくなり、まるで放浪者のように木陰に身を寄せたこともあった。

◉ 洋服を着て自転車に乗り、商売の営業に励むお島。この小説が発表されたのは1915年（大正4）であるから、お島が洋服を着はじめたのは明治の末か大正の初期ということになる。その頃までの日本女性は、鹿鳴館（ろくめいかん）のような社交の場面で洋服を着ることはあったが、労働のために洋服を着るようなことは、まずなかった。

文筆家の望月百合子の回想録には、彼女が『読売新聞』の記者になった1919年（大正8）、着物姿では働きにくかったので思い切って洋服をあつらえ、髪を断髪（だんぱつ）にして銀座を歩いたところ、その姿が珍しいと言って見物人がぞろぞろ後をついてきたという件（くだり）がある（『限りない自由を生きて——望月百合子集』ドメス出版　1988年〔昭和63〕）。

秋聲が「あらくれ」を書いたのは、さらにその4年前だから、洋服姿で働いた日本女性としてお島は非常に早い例である。お島にはモデルとなった女性がいた。それは秋聲の妻・はまの実弟・小澤武雄が同棲した女性・鈴木ちよだということである。

写真提供／朗読小屋 浅野川倶楽部

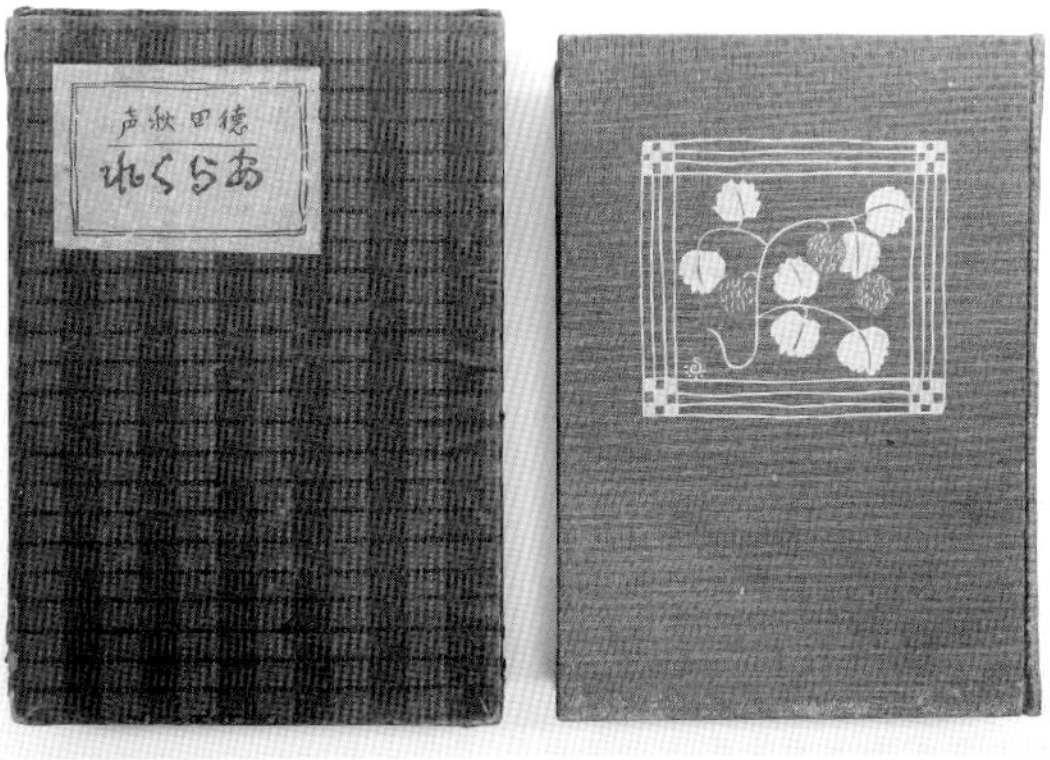

『あらくれ』
1915年（大正4）新潮社
徳田秋聲記念館／蔵

結婚は家のためにするものと考えられていた明治～大正の頃に、親の決めた相手を嫌って家を飛び出し、自力で生きるために洋服を着て自転車に乗るお島は、一見覚《かく》醒《せい》した「新しい女」のようでもある。同時代の一九一一年（明治四四）、平塚らいてうが『青鞜《せいとう》』を創刊し、女性の新しい生き方を模索しはじめたが、しかし、秋聲はけっしてお島を新しい女として描いたのではない。行動形態は『青鞜』同人たちと同じようでも、お島の頭には「新しい女」などという考えはなく、ただ自分自身が納得できるやり方でがむしゃらに生きているだけなのである。ごく普通の人の生活を書くことに終始した秋聲のヒロインが、結果的には当時の最先端の女性と同じ行動をとったというところがおもしろい。

　お島の洋服について秋聲は描写していないし、初出時には挿絵もつかなかったので、彼女が着た洋服がどのようなものであったかは不明である。上の写真は、二〇一五年（平成二七）に金沢21世紀美術館のシアター21で開催された徳田秋聲記念館 開館一〇周年記念朗読劇「あらくれ」舞台写真。主演は髙輪眞知子（朗読小屋 浅野川倶楽部代表）。

吉《よし》屋《や》信《のぶ》子《こ》

吉屋信子は少女小説から出発し、のちには家庭小説や歴史小説の名手として活躍した。まだ女性の作家が少なかった時代にあって、女性目線で女性の心を描きとおし、絶大な人気を集めた。また人々の日常描写にもすぐれた手腕を持ち、着物の描写にも、女性ならではの細かな観察力を発揮した。

　若いときには、平塚らいてうが創刊した『青鞜』に作品を寄せたことがあり、男女の不平等を是正すべきという考えを持っていた。それを論理的な文章ではなく、読みやすい小説にしたところが信子の功績である。

［2点とも］吉屋信子『少女の友』1935年（昭和10）10月号

吉屋信子［よしや・のぶこ］

1896〜1973年（明治29〜昭和48）、新潟県生まれ。
女学校の頃から『少女界』『少女世界』へ投稿しはじめて作家をめざし、1916年（大正5）『少女画報』に採用された「花物語」が評判となって少女小説家となる。1919年（大正8）には『大阪朝日新聞』に応募した「地の果てまで」が一等入選し、大衆作家としても認められた。

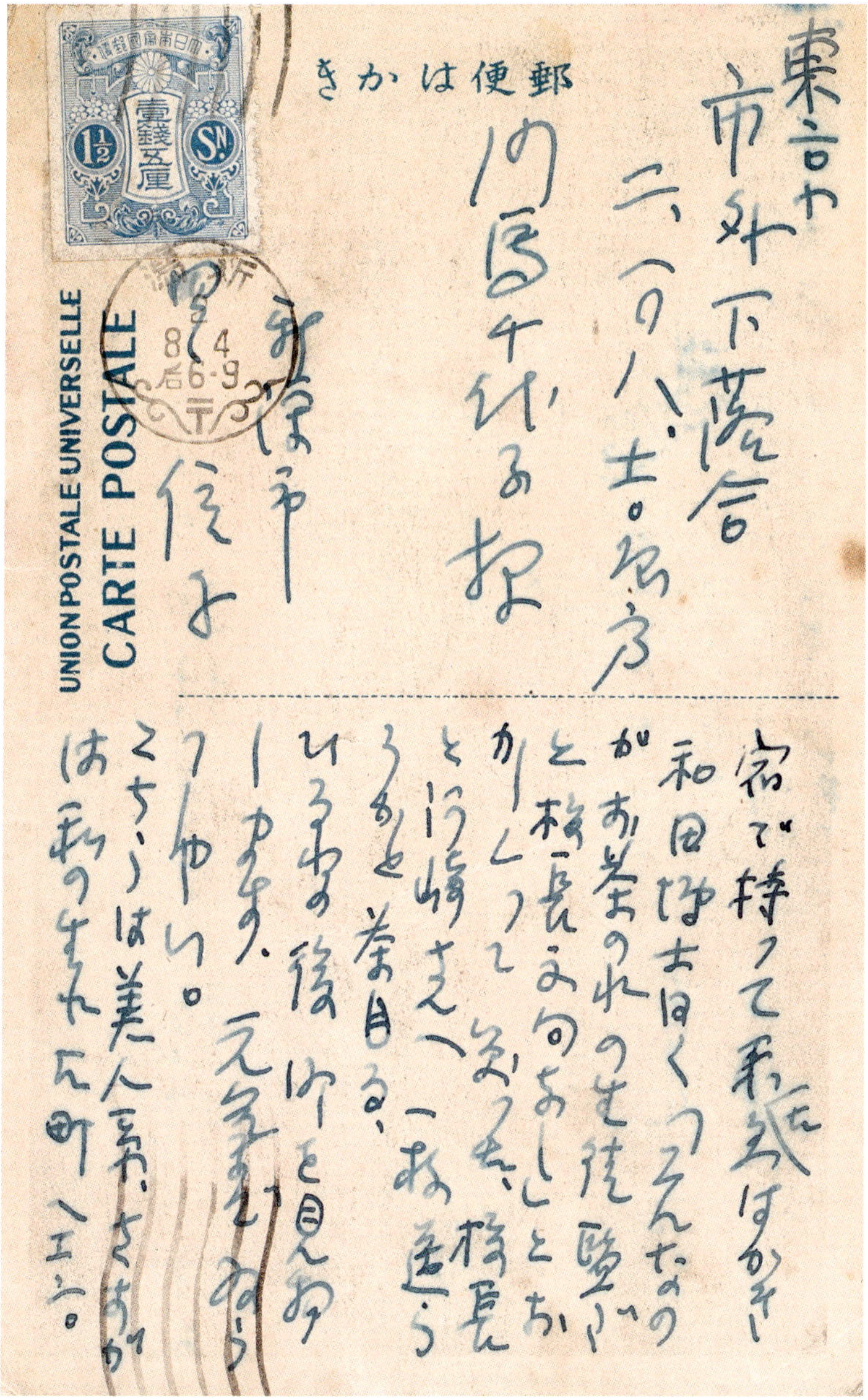

宿で持って来たえはがき。和田博士曰く「こんなのが　御茶の水の生徒監ごと校長文句なし」とおかしくって笑った。校長と河崎さんへ一枚送ろうかと茶目る。
ひるねの後　町を見物します。元気でいらっしゃい。こちらは美人系。さすがは私の生れた町へエン。

● 信子から、同居人・門馬千代子にあてた葉書。仕事で訪れた新潟の宿から、到着報告をしたものと思われる。新潟は信子の生まれた町で、「さすが私の生まれたところだけあって美人が多い」という文面からは、信子のユーモラスな人柄が偲ばれる。消印ははっきりしないが、1933年（昭和8）か。信子は1926～1935年（大正15～昭和10）、宛先の住所・下落合に住んでいた。

花物語

吉屋信子作「花物語《はなものがたり》」は日本の少女小説の代表とされる作品。初稿は一九一六～二四年（大正五～一三）『少女画報』に連載されたもので、その後一九二五～二六年に『少女倶楽部』にも連載された。「鈴蘭」「白菊」など、花にちなんだ五二篇の短編からなり、独特の美しい文章、ミッションスクールの寄宿舎を舞台とした少女どうしの愛情といったテーマが、読者を魅了し、現在もなお読みつがれている。

掲載の挿絵は、「花物語——浜撫子」。1935年（昭和10）に平凡社から刊行された『名作挿画全集』5に収録された須藤しげるの作品。

「花物語――桔梗」吉屋信子／作
須藤しげる／画
1935 年（昭和 10）『名作挿画全集』5 収録
◉ 麻の葉は、少女の着物の定番文様だった。

家庭日記

「家庭日記」あらすじ

品子と修三の家の近所に、友人夫婦の一郎と卯女《うめ》が引っ越してきた。

一郎の実家は代々続く医院であるが、一郎は医者になれず、また女給だった卯女との間に子どもができたため、婚姻届けを出さずに同棲を続けており、厳格な実家からは勘当《かんどう》されているような状態である。卯女を実家の父に認めてもらい、正式な夫婦になりたいと思っている一郎であるが、彼女の蓮っ葉《はすっぱ》な言動に嫌悪を感じることもある。それに比べると、お嬢さまらしさの残る品子の様子は、一郎に親しみと安心感を与えてくれる。

そして品子もまた、合理主義者の夫・修三にあきたらないものを感じており、繊細な感覚を持つ一郎に惹かれてゆく。一方では卯女の奔放さに接するたび、不思議な解放感を感じ、自らの身内にある窮屈な「女のかたまり」を意識するようになっていく。そんなおり、修三の以前の恋人・紀久枝が現れる。

家制度と恋愛感情、性格の不一致や利害関係などに苦しみながらも愛を求め、自分らしい生き方を模索する、若い男女の姿を描く。

嶺田弘［みねだ・ひろし］

1900〜1965年（明治33〜昭和40）、東京生まれ。白馬会で黒田清輝らに師事。大正末〜昭和初期、少年少女雑誌、探偵小説雑誌、文芸雑誌と広く活躍。代表作に1934〜1935年（昭和9〜10）講談社『講談倶楽部』江戸川乱歩作「人間豹」、1936年（昭和11）同誌江戸川乱歩作「緑衣の鬼」の挿絵がある。

「家庭日記」　吉屋信子／作
『東京日日新聞』『大阪毎日新聞』1938年（昭和13）2月22日〜7月19日
嶺田弘／画

スカートとセーターの上に羽織を重ねて寒さをしのぐようなことは、戦前の女性の暮らしによくあったことだろう。信子作品からは、当時の女性の日常をリアルに感じることができる。

● 品子と修三の家の近所に一郎と卯女が引っ越してきた。庭のある家で土いじりを楽しむ生活がしたいという一郎の希望で、この家を借りたのであるが、卯女は「近代的なアパートのほうがよかった」と機嫌が悪い。

信子は卯女の様子を次のように描写している。

「彼女は感冒（かぜ）のため、咽喉（のど）に湿布を巻いている。荒い格子縞のスカートに、深紅のスエーターを着て、その上に少しくたびれた縮緬地のはでな模様の羽織を引っかけている。窓から下げた靴下の脚は、爪先で引き寄せた座蒲団の上に置いている」

● 挿絵は卯女と品子の初対面の場面。この小説が書かれた 1938 年（昭和 13）当時、日本女性の衣服は、着物から洋服への移行期にあったが、着物で暮らしている女性のほうがまだ一般的であった。ヒロインの 1 人・品子は最初から最後まで着物姿であるが、もう 1 人のヒロイン・卯女は、在宅時は着物、外出の際は洋服と着分けているようだ。品子は保守的な家庭で育ったお嬢さまがそのまま奥さまになったというタイプだが、卯女はカフェの女給をした経験があり、大連（だいれん）で暮らしたこともあるモダンガール的な女性。着物、洋服の着用の仕方が、2 人の境遇や気質の違いをも表している。

● 一郎は修三の家で夕飯をごちそうになる。この日は特別メニューの若鳥の丸焼き（ロースト）やサラダが食卓を飾った。美しく気品のある品子が、かいがいしく立ち働く様子を見ていた一郎は、いつの間にか修三をうらやんでいる自分に気づいてはっとする。

◉ 卯女との仲を親から認めてもらえずにいる一郎であるが、せめて２人の子ども・鐘吉（しょうきち）を父に見てもらいたいと、鐘吉を伴って実家のある八王子に出かけた。そこで鐘吉が体調を崩してしまうと、医者である父は、自分が面倒を見るからといって鐘吉を返さない。
父は初めて会った孫が可愛くなって手放せないのだ。ともに出かけた良人・修三から「一郎と鐘吉が今晩帰らない」という連絡を受けた品子は、そのことを伝えに卯女の許に急いだ。卯女は事情を聴くと、鐘吉を自分から取り上げる策略ではないか、と疑って逆上する。

◉ 鐘吉を取り上げただけではなく、さらに邪魔者である自分を追い出そうと皆が共謀しているのではないか？　その共謀には、一郎も加わっているのではないか？　と、邪推（じゃすい）が邪推を生んで卯女はヒステリー状態に陥る。一郎が品子に惹かれていることも、卯女は女の直感で察知していた。嫉妬とひがみが被害妄想をさらに大きく膨らませ、ついに卯女は何の罪もない品子をも憎みはじめるのであった。

● 修三には、貧しい医学生だった頃品子との縁談話を持ち込まれ、それまで交際していた女性を捨てたという過去があった。学費の提供や、ゆくゆくは病院を継がせたいという品子の実家からの申し出が、魅力だったのだ。捨てられた女性・紀久枝は、その後努力を重ね、自分の美容院を持つまでになった。
一方、被害妄想にとらわれた卯女は一郎の許を去り、１人になった一郎は貸家を出てアパート暮らしを始めた。そのアパートで紀久枝と一郎は出会う。

修三の結婚相手・品子に会っても、すでに心の動揺はない紀久枝である。しかし一郎が心ひそかに品子を思っているという噂を聞いて、妬ましく思ってしまう。

挿絵は、アパートの廊下で２人が行き合うシーン。紀久枝は洗濯をするため、着物の上に割烹着（かっぽうぎ）をつけている。

家を出たまま行方不明になっていた卯女が入院していると知り、一郎と品子はともに病院に駆けつけた。一郎は、病に苦しんでいる卯女を見て、品子に惹かれる自分の心が彼女を苦しめたのだと後悔した。

一郎は品子にも卯女にも修三にも詫（わ）びたいという気持ちを抑えきれず、いっさいを品子にあかした。品子を好きになったこと、修三にはその気持ちを知られていたこと。けれどこれからは卯女にとって真実な良人となって尽くす覚悟であること。
品子は驚いた。とくに修三が一郎の気持ちを知りながら、品子には何も言わなかったことに驚いた。すべてを胸に納めて一言も発しなかった修三に、懐（ふところ）の広さを思う品子。「私もあなたが好きでした」と一郎に告白できなかった自分をふがいなく思いながらも、これからは修三に心を寄せるべきだと品子は思うのであった。

菊《きく》池《ち》寛《かん》

菊池寛は作家として出発した頃は純文学系雑誌に歴史小説などを執筆したが、一九二〇年（大正九）の「真珠夫人」以後は、主に新聞や婦人雑誌に大衆的な小説を連載した。

一九二〇年代は、日本の出版界における一大成長期であり、新聞や雑誌の発行部数は急速に増えたが、そこで新たに形成された読者層の中核は若い主婦たちであった。女性の問題をテーマにした寛の作品は、多くの女性読者に歓迎され、出版の隆盛をさらに促した。

菊池寛　1935年（昭和10）頃。
写真提供／菊池寛記念館、菊池夏樹

菊池 寛［きくち・かん］

本名・菊池寛（きくち・ひろし）。1888～1948年（明治21～昭和23）、香川県生まれ。
京都大学在学中に、第三次第四次『新思潮』に参加し「屋上の狂人」「父帰る」などを発表して文壇にデビューし、「恩讐の彼方に」で地位を確立。その後「真珠夫人」をはじめとする通俗小説を次々と書きながら1923年（大正12）『文藝春秋』を創刊し、文藝春秋社の社長を務める。芥川賞、直木賞、菊池寛賞を創設するなど文壇の大御所として活動した。

ダンスをする菊池寛。
1935年（昭和10）頃。
写真提供／菊池寛記念館、菊池夏樹

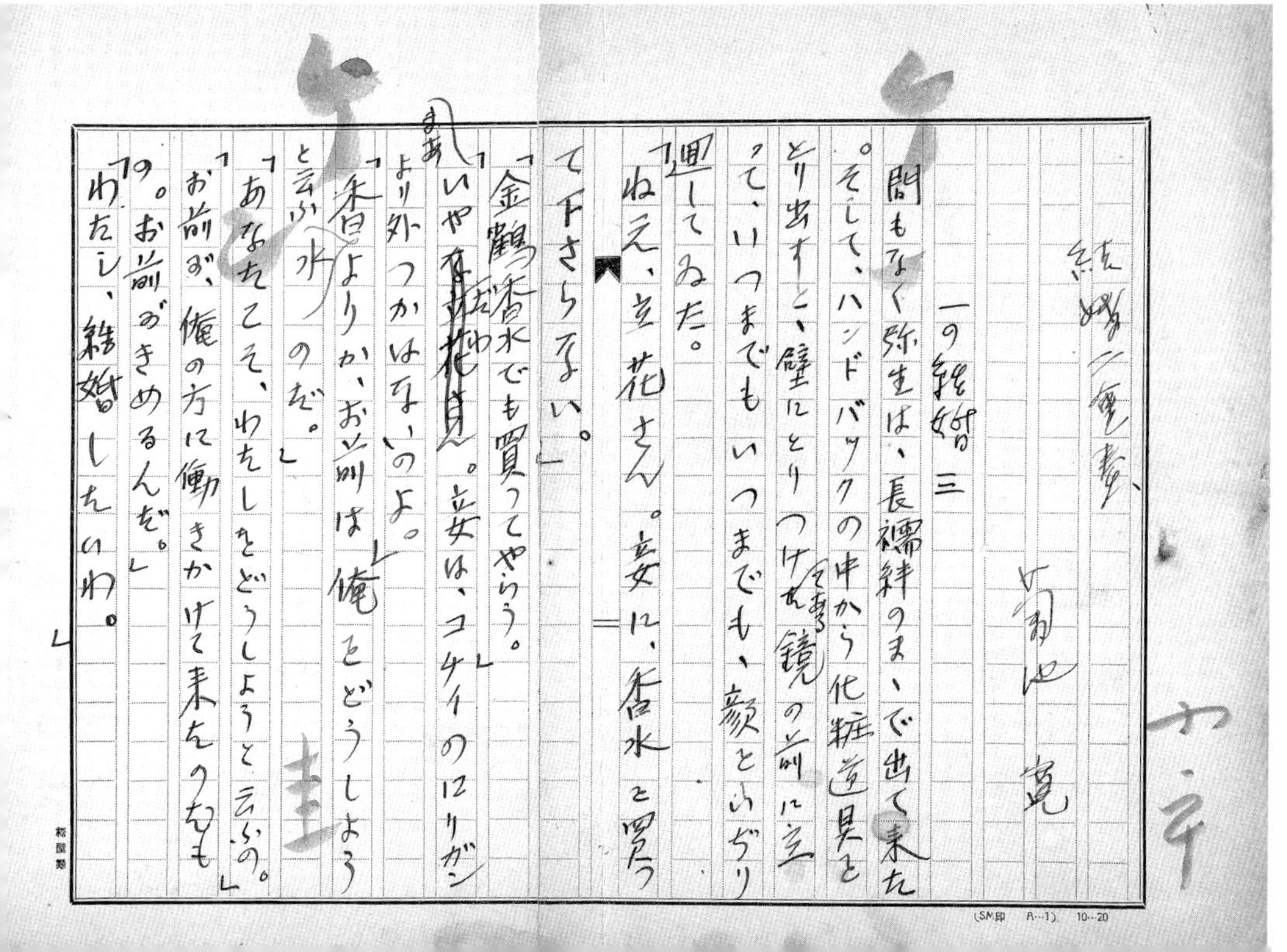

結婚二重奏、

菊池寛

一の結婚 三

間もなく弥生は、長襦袢のまゝで出て来た。そして、ハンドバックの中から化粧道具をとり出すと、壁にとりつけてある鏡の前に立って、いつまでもいつまでも、髪をいぢり廻してゐた。

「ねえ、立花さん。妾に、香水を買って下さらない。」

＝

「金鶴香水でも買ってやらう。」

「まあ、いやだわ。妾は、コチイのロリガンより外つかはないのよ。」

「香水よりか、お前は俺をどうしようと云ふのだ。」

「あなたこそ、わたしをどうしようと云ふの。」

「お前が、俺の方に働きかけて来たのだもの。お前がきめるんだぞ。」

「わたし、結婚したいわ。」

松屋製

（SM印　A…1）　10…20

「結婚二重奏」肉筆原稿。
「結婚二重奏」は『報知新聞』に1927年（昭和2）3月13日〜7月16日掲載された。
田端文士村記念館／蔵

良人《おっと》ある人々

寛の大衆文学作品のヒロインは必ずといっていいほど、若い未婚の、あるいは新婚の、女性であった。彼女たちは恋愛した人と結婚できずに他の人と結婚し、良人となじめないまま昔の恋人に心を寄せたり、あるいは、良人の遊びぐせに悩んだりする。

結婚をめぐる悩みは、当時の活字メディアの受け手となった若い主婦層の一番の関心事であった。また、映画、ダンス、ショッピングといった新時代の娯楽を楽しむヒロインたちの姿は、読者の憧れだった。寛の作品には、一九二〇～三〇年代都市部のモダン文化の様相が盛り込まれている。

「良人ある人々」あらすじ

利美子は恋人同士だった従兄の信策と結婚できず、佐柄という男と結婚した。「愛人と結婚できない以上、これが女性の運命なのだ」とあきらめてはいるが、親戚の法事の席で信策と再会すると、なつかしさがこみあげ、後悔の念が湧いてくる。

ある日、利美子は良人の友人の妻・玲子と知り合う。玲子の良人は道楽者で、玲子は「私も遊んでやるのよ。男女同権だわ」と言いながら、伊太利《イタリア》の青年と付き合っている。

良人に不満を持つ女性たちは、他の男性に心を惹かれながらも、結局最後は、良人の真情に気づいて、家庭に戻ってくる。

挿絵は利美子（着物姿）と玲子（洋服姿）が、最初に出会うシーン。この時代は、日本女性のスタイルが和装から洋装に変化していたときであり、和装と洋装の二人の女性が並んでいるシーンは小説にも抒情画にもよく描かれた。

「良人ある人々」菊池寛／作
初出は『婦人倶楽部』1932年（昭和7）1月号～1933年（昭和8）2月号。富田千秋／画掲載の挿絵は『名作挿画全集』3に掲載されたもの。1935年（昭和10）平凡社刊　富田千秋／画

富田千秋［とみた・ちあき］

1901～1967年（明治34～昭和42）、香川県生まれ。東京美術学校卒業。初期は菊池寛の現代小説に挿絵を多く描いたが、やがて時代小説、少年少女小説と広く活躍した。
代表作に1931年（昭和6）『サンデー毎日』三上於菟吉（おときち）作「人肉果」がある。

挿絵の利美子の着物姿を再現した。戦前の若い有閑（ゆうかん）マダムの華やかな装い。
大正末～昭和初期のモダン風俗を描いた寛作品のヒロインたちは、やはりモダンな文様の着物を身にまとっている。明治～大正中期くらいまで、まだ着物の文様や色は地味で、文様は細かい幾何学系のものが多かった。それが大正末期から昭和初期頃になると、大きな花文様で、華やかな色合いの着物が目立つようになる。第一次世界大戦による軍需景気や、大正デモクラシーという自由な風潮の反映といえよう。それは 1935 年（昭和 10）すぎに、第二次世界大戦の足音が忍び寄ってくるまで続いた。

◉ 利美子と信策は恋人どうしだったが、信策は他家の養子になっており、ゆくゆくは養子先の娘と結婚することが望まれていた。また２人は従兄妹同士でもあり、近親婚の弊害（へいがい）も心配されるので周囲の賛同を得られそうもない。話し合った末に「別れる」という結論を出した２人は、これが最後という日、いつまでも離れられずに暗い道を歩き続けた。

◉ 玲子の良人は遊び人で、玲子を顧みることはない。玲子は自分にも人生を享楽する権利があると、ダンス場で知り合った伊太利の青年貴族・クローツェと踊り、ドライブに出かける。クローツェは玲子を未婚の女性と思い込んで、真剣なプロポーズをする。

◉ドライブからの帰り道でクローツェの運転する車が事故を起こし、玲子が怪我をした。たいした怪我ではなかったが入院し、病院を訪れた玲子の良人とクローツェは鉢合わせする。クローツェは良人を玲子の兄と勘違いし、結婚させてほしいと頼みこむ。良人は、玲子が他の男性の目には魅力的に見えることを知り、これまで彼女をないがしろにしてきた自分を反省する。

◉信策を思いきれない利美子は、良人に冷たい仕打ちをしてわざと嫌われるようにふるまい、離縁に持ち込もうとするが、良人は利美子のすることに耐えつづける。「僕たちは恋愛結婚したのではないけれど、結婚したあとに僕は君に恋愛したのだ」と良人は言う。良人の純情に、利美子も心を動かされる。

結婚天気図

「結婚天気図」菊池寛／作
『主婦之友』1938年（昭和13）1月～1939年（昭和14）4月号
志村立美／画

志村立美［しむら・たつみ］

本名・志村仙太郎。1907～1980年（明治40～昭和55）、群馬県生まれ。
日本画家の山川秀峰に師事。18歳で挿絵画家としてデビュー。挿絵と並行して郷土会・日本画会・青襟会へ日本画を出品した。「丹下左膳」の挿絵で脚光を浴び、戦後まで多くの挿絵を描き、とくに凜とした正統派の美人は多くの読者を魅了した。晩年は自らの原点である日本画へ回帰し、品と艶を含んだ「立美美人」を追求した。

「結婚天気図」あらすじ

由美子と雅代は女学校時代からの友人どうし。由美子は、又従兄妹《はとこ》でもある義雄と、親が決めた結婚をし、娘が一人あり、義雄の父と四人で楽しく暮らしている。義雄は美男であるが、女性と浮いた噂もなく、家庭はごく円満である。ところが、義雄に魅力的な女性が接近し、誘惑する。

一方の雅代には木原という恋人がいるが、お互いに家を継がなければならない立場のため結婚できずにいた。親にせめられるまま、雅代は恋をあきらめ、信三という男性と結婚した。はじめは後悔したものの、しだいに信三のおおらかさに惹かれていく。

恋愛結婚ではない二組の夫婦が、事件を乗り越えて愛情を育てていく様子を描く。

［左］大胆な文様の着物にレースのショール、クラッチバッグを抱えたモダンな若奥様スタイル。雅代が良人と映画館に出かける場面を想定して作った。
寛は映画館の化粧室の様子を次のように描写している。
「まだ三四人の令嬢やマダムが残っていた。花模様のシフォン・ベルベット。洋服地好みの和服。甘やかな香料、唇紅（くちべに）の赤さにも、華かな気分が溢れていた」……洋服地好みの和服というのは、洋風の花や更紗文様の着物のことであろう。

◉ 由美子の良人・義雄に、美貌のかおるが近づいてくる。かおるは出版社に勤める、知性的で、洋装の似合う近代的な女性。義雄には、これまで恋愛の経験がなかった。はじめて恋を知った義雄は、その強烈な力に抵抗できない。

◉ 義雄に愛人ができたことを知った由美子が友人の雅代に悩みを打ち明ける場面。かおるの魅力におぼれている義雄に愛想をつかし、娘を連れて家を出た由美子は、離婚も考えはじめる。

◉ 妻が不在の家に入り込んできたかおるは、「妻としてこの家に住みたい」と言う。妻・由美子への愛情も失ったわけではない義雄は困惑するが、かおるのペースに巻き込まれて身動きができない。しかし、かおるを見て、義雄の父が激怒する。

◉ 雅代は、良人と連れ立って出かけた映画館で、別れた恋人・木原と再会する。木原は、「あなたが人妻になったら、よけい好きになった」と、良人が近くにいるにもかかわらず、雅代につきまとって離れない。良人にどう思われたか？　とあとから雅代は気に病んだが、彼は気づかなかったらしい。自分が人妻になったとたん情熱的になり、執念深くつきまとってくる木原がだんだん厭（いと）わしくなると同時に、素朴でおおらかな性格の良人・信三に愛情を感じはじめる雅代であった。

挿絵は、新婚旅行中の雅代が木原に心を残しながらも、信三との夜を覚悟する場面。女性が心を決する場面を、画家・志村立美は、帯締めを結び直す仕草で表現した。

志村立美は最初、着物の図案家・山川霽峰（せいほう）に弟子入りしたが、その息子で日本画家・山川秀峰（しゅうほう）の仕事を見て絵に魅せられ、弟子入りし直したという経歴の持ち主。着物の図案を学んだ経験は、挿絵を描く際にも発揮され、当時流行りの文様を多様に描き分けた。女性の決心の付け方を着物と結びつけたところも、着物に造詣（ぞうけい）の深い画家ならではの発想。

第4章 抒情画と着こなし

竹久夢二や高畠華宵らの抒情画には、着物で日常を過ごしていた時代の自然な着物姿が描かれています。着心地の良さそうな着付けや、着る人の好みや個性が反映された千差万別の着方など、着物を着慣れない現代人に、普段着としての着物のあり方を教えてくれます。抒情画の着物姿から、着物を魅力的に着こなす術を学んでいきましょう。

竹久夢二「晴小袖」
『新少女』
1917年（大正6）1月号掲載

岩田流コーディネートについて

竹久夢二　セノオ楽譜
「宵待草」表紙絵
1918年（大正7）初版発行（6版）

抒情画《じょじょうが》に見る着物の色や柄合わせは、斬新さもさることながら、普段着だった頃の自然な着物姿を今の私たちに伝えてくれる。畳《たた》んでおけばただの布である着物は、生身の人間が装うことで、はじめて色と柄が立体的になり、着る人の個性が情緒深い着物姿となって表れる。

このたび、抒情画に描かれた当時の着こなしをアンティーク着物で表現するために、撮影に使用したのは、直立不動の腕のみが可動する和装用ボディである。ボディとはいえ補正せず、長襦袢《ながじゅばん》を着せ、すべて紐《ひも》と帯枕《おびまくら》と伊達締《だてじ》めだけを使って着せ付けた。また、岩田ちえ子のコーディネートバージョンは「美は乱調にあり！」をモットーとし「美」の追求の前には商業目的に考案された和服の決まりごとやルールはきわめて矮小《わいしょう》なこととした。ここで夢二《ゆめじ》と華宵《かしょう》の着物の着方の特徴を見ていきたい。着物と帯の関係を例にあげるならば、現代はどんな体型、年齢でも、帯は「前やや下げて後ろやや高く」と教えられるが、抒情画はそういった「思い込み」を容易に外してくれるのである。

〈夢二式着こなし〉

夢二の描く、痩せて不幸そうにうなだれた女性の佇《たたず》まいは男性（夢二）に向けた媚態《びたい》というだけではなく、恋愛以外にも悩み多き大人の女の姿を彷彿《ほうふつ》とさせ、いつの時代の女性にも共感を呼ぶ。脱力した体に現代のストリートファッションのようなユルい着こなしが夢二の着物の特徴である。

細いウエストに帯を交差させ、帯締めは曲がり、帯揚げは無造作に帯の隙間に突っ込まれ、おはしょり下の腰紐は丸見えで、深く開けた襟元と衣紋《えもん》は波打ち、現代なら着物警察*から何度も職質を受けるところだ。しかし、その着こな

高畠華宵「雛節句」
大正末〜昭和初期

しにはゆらぐ「女の心」が反映され、詩情あふれる不均整な美がある。うなだれながら着付けたような夢二式着方は、当時の女性のリアルな息遣いが感じられ、心を惹きつけられる。

〈華宵式着こなし〉

健康で豊かな体と上気した頬、三白眼《さんぱくがん》の夢見るようなまなざしのお嬢さま風スーパー美少女は、憂いていても、決して不幸そうでなく、清楚《せいそ》でありながら官能的である。当時の少女たちもさることながら、現代では世代も性差も超えて、憧れの的である。

ロマンチックな柄ゆきの振り袖を着て、淡色のふっくらした半襟をぴっちり合わせ、帯は胸高《むなだか》に背中高く締め、華やかなふくら雀の羽を肩に背負わせるという手のかかったゴージャスな着こなしが特徴である。帯揚げはたっぷりと大きなリボンの如くに出し、太め丸《まる》絎《ぐ》けの帯締めや帯留めをあしらい、衣紋の抜き加減は人物に合わせてほどよい按排《あんばい》である。袖口と袂の振りから豪快にこぼれ出る襦袢と着物との、夢のような色の重ねも、華宵式着方の重要な見どころである。

明治以降、西洋文明の流入により徐々に洋服を着るようになっていったが、大多数の女性の日常着は着物だった。しかし、戦時中に着物を着るのは贅沢で非活動的な「非国民」とされ、洋服が推奨された。

さらに、戦後の物不足と欧米文化の強い影響から洋服での生活が一般的になると、着物離れは急速に進み、着物は主に冠婚葬祭《かんこんそうさい》での着用と、「趣味の和服」として何とか生き残ってきた。とはいえ世界の近代国家を見渡せば、民族服が着物という形であるにせよ、継続しているのは奇跡である。

抒情画の描かれた大正から昭和初期は洋服へ大転換する前の、着物の最後の爛熟《らんじゅく》期であり、打ち上げ花火であった。その一瞬の煌めく宝石のような時代に生まれた大正ロマンな着物の魅力は、別離にいつまでも手を振り続ける母や祖母のごとく、今なお私たちをとらえて離さない。戦火をくぐり抜けたアンティーク着物は、あの時代が私たちに残してくれた美しい手紙である。そして抒情画は自由な装いの心構えを教えてくれる最適なビジュアル着物教室でもある。

（C・I）

＊着物警察とは：着物で街行く人に、己の解釈との差異を見つけ、違反と見なし正そうとする着物愛好者。着付け教室での教え方の違いによる混乱が現象化したとも言える。夏に巡回する「浴衣警察」また、機動隊として「お直しおばさん」もある。

抒情画に学ぶ着こなし

竹久夢二や高畠華宵が活躍した明治末～昭和初期は、ファッションとしての着物が花開いた時代。彼らが描いた女性像や、彼らの抒情画が誌面を飾った雑誌に掲載された写真から、その豊かな着物のありようを見ることができる。なかには今では見かけなくなったり、「そんな着方はダメ！」と言われてしまうような着物姿も少なくないが、そんな部分にこそ現代の私たちがより自由に、心地よく、魅力的に着物を着るためのヒントもありそうだ。

1 堅苦しくないシルエット

着物を着慣れていない現代、「着物を着ると苦しい」「着崩れなくきれいに着られない」という理由で着物を敬遠する人は多い。しかし、抒情画家が描いた着物はしなやかに体になじみ、ゆったりと着こなされている。とにかく着崩れないようガチガチに補正された現代の礼装用の着付けとは異なる、着物が日常着だった頃の着心地のよさそうなシルエットだ。

当時の雑誌に載る「セレブのよそゆきの姿」でさえ、今見るとだいぶおおらかだ。明治の着物が好きだったという夢二は、大正末の時点で「きっちりした襟の合わせ方、帯の締めようが、とてももう窮屈で、美しさがほの見える一分のすきもありません」と述べている。きっちりした着付けばかり見

竹久夢二「暮笛」（部分）
大正前期

『女子文壇』1912年（明治45）4月号掲載
◉ 二枚襲・三枚襲で着るのが多かったこともあり、おはしょりはモコモコ。

慣れた目には、少しでもシワやたるみがあると「だらしない」「ちゃんと着ていない」と見えてしまいがちだが、むしろそこにも着物の美しさがある。苦しくなるほどに、きっちり着なければいけないという考えにとらわれる必要はないのだ。

高畠華宵　便箋表紙絵
昭和初期
◉ 大きなイヤリングをつけたお洒落な女性。上前に寄ったシワはまるでドレスのドレープのよう。

［左］『淑女画報』1914 年（大正 3）2 月号掲載
紋付でも胸元はゆったり。斜めに重ねて巻かれた帯に帯板はなく帯締めによってくびれ、やわらかく体に沿っている。
［右］『淑女画報』1913 年（大正 2）12 月号掲載

［右］**竹久夢二「南蛮寺」（部分）**
『婦人グラフ』
1924 年（大正 13）12 月号掲載
［左］**高畠華宵「若水汲む少女」**
『少女画報』
1929 年（昭和 4）1 月号掲載

『主婦之友』
1930 年（昭和 5）5 月号掲載

竹久夢二の恋人・お葉。大正後期

2 所作

洋服とは異なる身のこなしも、現代人を悩ませる部分。洋服にはない袂《たもと》の扱いや裾さばきは慣れないと大変だが、着物ならではの優美さが出るところでもある。抒情画の仕草やポーズは、着物での所作の参考にもなる。今では「背筋を伸ばして胸を張る」のが正しい姿勢とされるが、当時の絵や写真を見るとむしろ背筋は丸みをおび、肩を下げ、腰を落とし、膝は曲げたような、たおやかな姿勢が多い。背筋を伸ばして歩いていたのは、最先端の一部のモガ（モダンガール）だけだったという。

一方で、日常に着物を着ることが少なくなった私たちは、着物での立ち居振る舞いに過剰なしとやかさを求めていないだろうか。モガは大股で颯爽と歩いていたし、桶を持つようなときには当然腕は袖口からむき出しになるのだ。

3 チラリズム

　歩いたときに八掛《はっかけ》の鮮やかな色がチラチラと見えたり、袖口から可愛らしい柄の襦袢がチラリとのぞいたり、といったことも、着物ならではのお洒落ポイント。袖口や胸元からレースやフリルが見える装いも、戦前からなされていた。

　夢二はよくおはしょりの下から腰紐をチラリとのぞかせて描いている。皆がおはしょりをして着るようになったのは明治のこと、まだ腰紐にしごきの感覚が残っていたのだろう。地味な色の着物に赤い紐をのぞかせるなど、そのわずかな差し色が全体のアクセントとなっている。また、華宵は袖口から、袂の振りから、襦袢や襲《かさね》の着物をたっぷりとはみ出させ、丹念に描いている。羽織、長着、襲の着物、襦袢と、重なる色彩のグラデーションは、十二単《ひとえ》の襲色目《かさねいろめ》の伝統をも思い起こさせる美しさだ。

竹久夢二　夢二エハガキ「女四季」より
1913年（大正2）

高畠華宵「美人創造――華宵好みの流行スタイル」
『婦人世界』1929年（昭和4）4月号掲載

『婦人世界』
1927年（昭和2）6月号掲載
◉ 袖口からレースがのぞいている。大胆な柄ゆきに帯を胸高に締めたモダンな着こなし。

『婦人画報』1913年（大正2）4月号掲載
◉ 半襟どめとネックレスのような時計の鎖。

高畠華宵「追憶」
昭和初期
◉ 半襟や帯の色と呼応するような青色のイヤリングと指輪をつけている。

4 和洋ミックス

戦前まで、日本人女性の大半が着ていたのは、洋服ではなく着物だった。しかし、着物であっても色や柄に西洋風を取り入れるなど、和洋をミックスした装いが洗練されていった。洋服地の着物やフリンジのついた帯なども考案された。

イヤリング、指輪、腕時計、手袋といったアクセサリーや小物もさかんに取り合わせられ、とくにパラソルやショールは必需品のようになっていった。今では見かけなくなったが、明治〜大正初めには「半襟どめ（襟止め・襟留め）」という、半襟につけるブローチのようなものや、長い鎖をつけた時計をネックレスのように首からかけることも流行した。近年よく見かける、着物に帽子をあわせるコーディネートも、すでに大正時代に実践している女性もいた。これは特殊な例ではあるが、海辺などでは着物に帽子を被っている絵や写真も少なくない。

高畠華宵「あゆみ」
大正末〜昭和初期

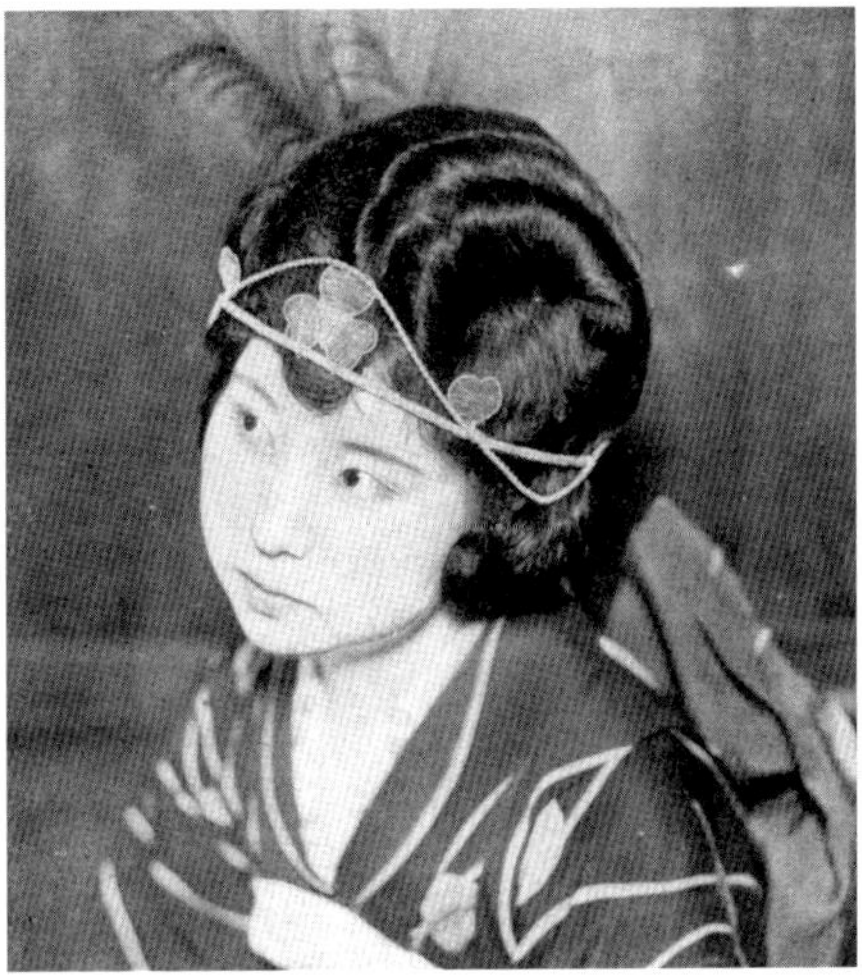

『婦人グラフ』 1925年（大正14）5月号掲載
◉ 華宵の絵と類似した髪飾りをつけた着物姿の女性。華宵が描いた斬新なファッションも、あながち絵空事ではなかったようだ。

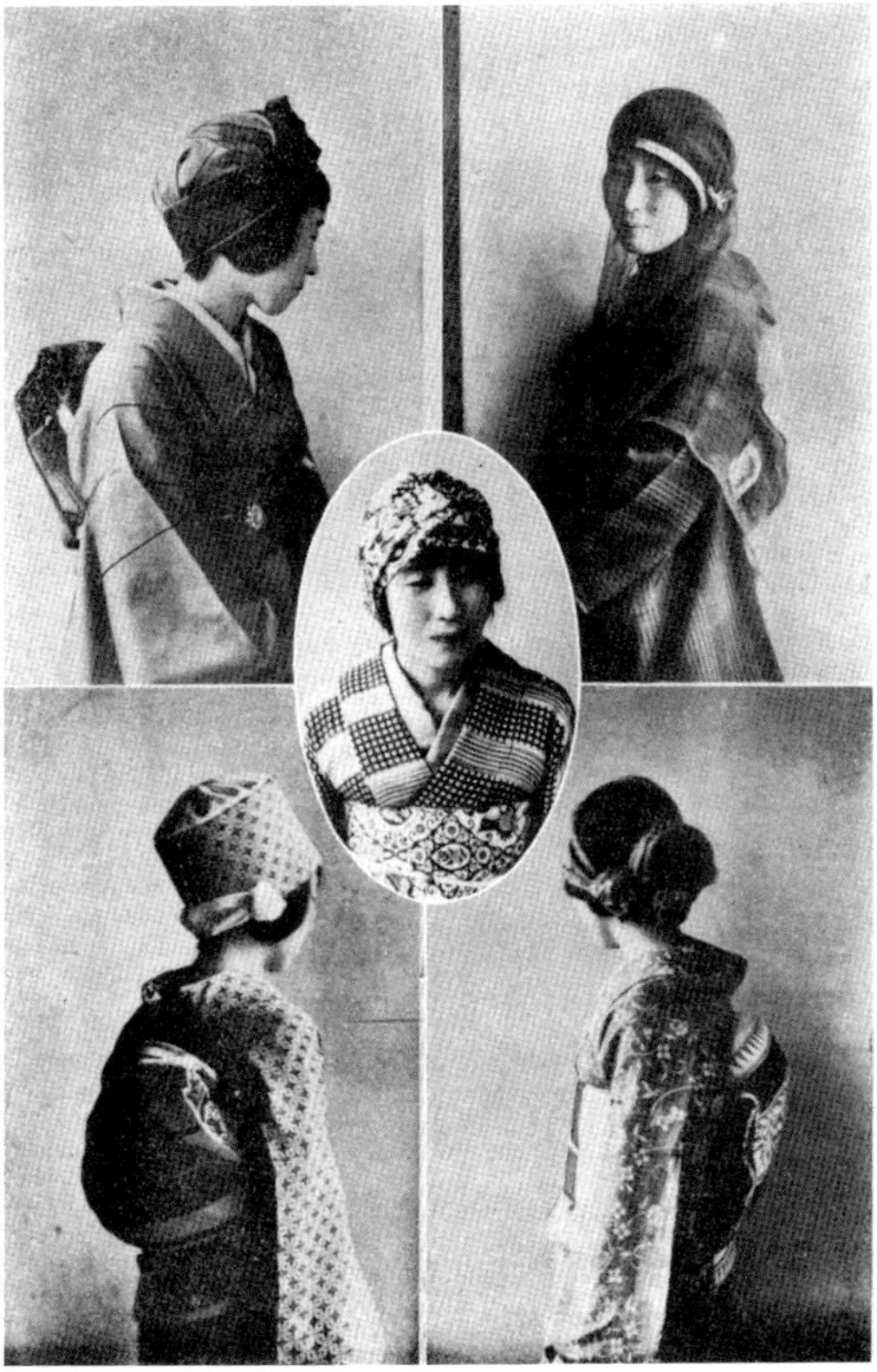

『婦人世界』1922年（大正11）6月号掲載

高畠華宵「潮風」
『婦人世界』
1927年（昭和2）8月号掲載

［左］『淑女画報』1912年（明治45）5月号掲載
◉ 大正時代は着物よりも高い半襟を買う人もいたというほど、半襟が着物姿の重要なポイントだった。抒情画では白無地の半襟をしているほうが少なく、今見ると出しすぎと思えるほどたっぷりと見せている写真も多い。

［右］**高畠華宵『少女の国』口絵**
大正末〜昭和初期
◉ ことさら大きく帯揚げを出した着こなし。

5 着こなしに「正解」はない！

着物の着付けは本来「どの部分は何センチ」というような確固たる決まりがあるものではない。半襟や帯揚げの出し方、帯締めの締め方などを見ても、時代や流行、年代やそれぞれの好みやセンスによって異なっている。着物の「格」も決して不変の「伝統」ではない。「訪問着」「袋帯」など大正時代には一般的ではなかった新しいものだ。

もちろん戦後のきっちりとした着付けを完全に否定するわけではないし、戦前も自由なばかりでなく、年齢や身分によって着るものがはっきりと決まっていた。しかし、抒情画から知ることができる戦争で失われてしまった多彩な着こなしに学び、現代に合わせてより自由に各人が素敵だと思う着こなしをしていくことが、着物を化石化させず、魅力的な衣服として存続させることにつながるのではないだろうか。（H・N）

『主婦之友』1926年（大正15）6月号掲載
◉ 浴衣に半襟、帯・帯締めは斜めに、帯揚げはふんわりと。

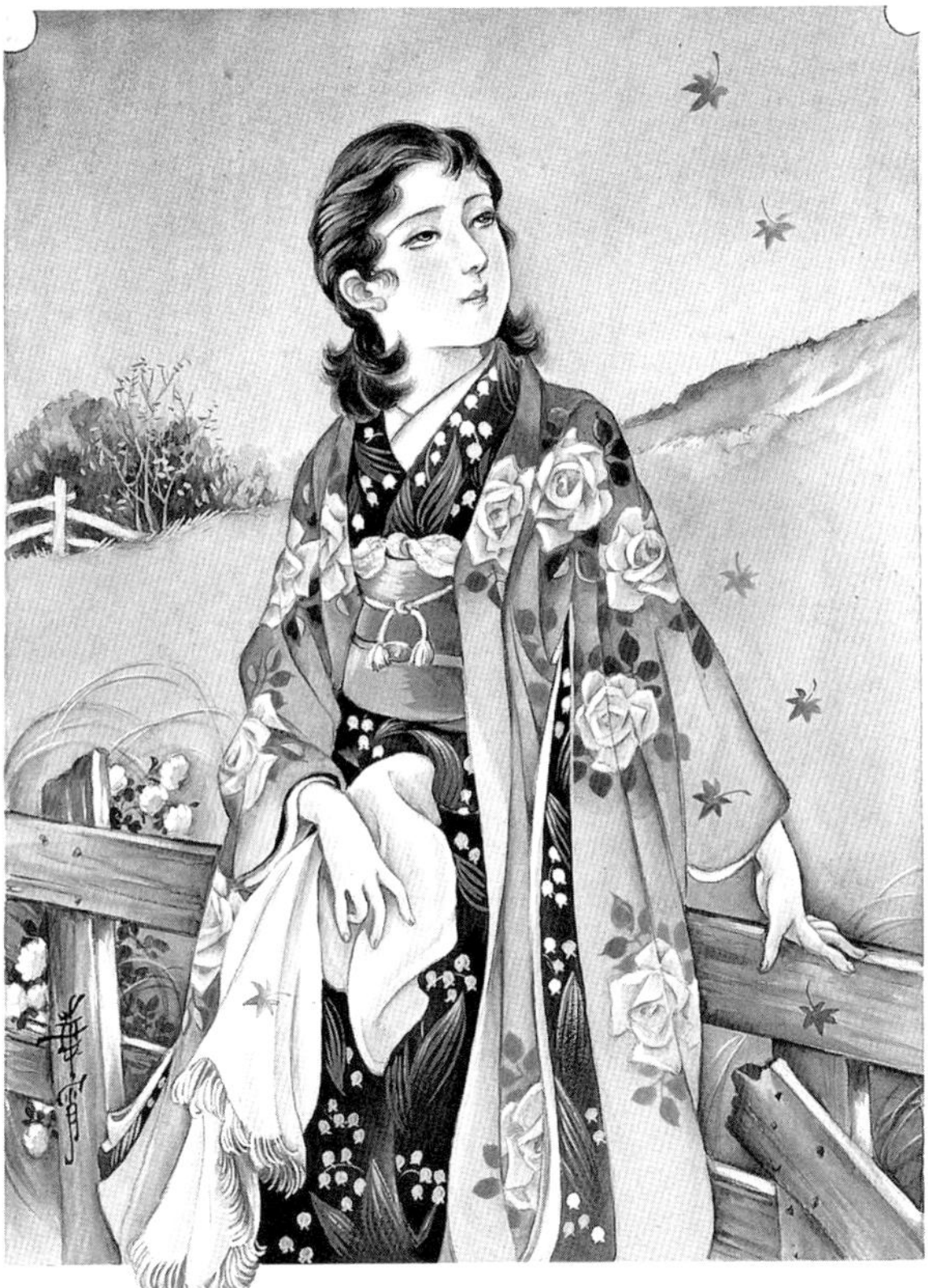

高畠華宵「真澄の青空」
大正末～昭和初期
◉ 薔薇柄の羽織に鈴蘭柄の着物という、大正末～昭和初期の時代を象徴するようなロマンチックなコーディネート。羽織は大正時代の着物で特筆すべきもののひとつ。江戸時代まで禁じられていたが、この時代さかんに着用された。当時は膝丈以上の長羽織が多いが、羽織丈も流行によって変化している。

高畠華宵「軽羅」
大正末～昭和初期
◉ 大正～昭和初期にかけ、夏の薄物、明石縮（あかしちぢみ）が隆盛した。粋筋（いきすじ）では華宵の絵のように長襦袢を着ず、晒（さらし）と蹴出（けだ）しだけをつけた上に素肌で着ることも流行ったという。一般人はしない玄人の着こなしではあるが、女性が羽織を着ることも、現在は帯結びのスタンダードとなったお太鼓結びも、かつては一部の芸者だけが行っていたものだ。
暑さが厳しく、キャミソールのような恰好で外を歩くことも当たり前の現代人には真似したくなる装いかも？

あとがき

本書を編集するに際しては、多くの方々にご協力をいただきましたが、とくに京都在住の髙橋智世子氏には多大なご尽力をいただきました。

髙橋智世子氏は第2章「呉服屋のお嬢さん、着物ライフ拝見」で紹介した浮田良子氏の長女であり、若くして亡くなった母・浮田良子氏の遺愛の着物や小物を長いあいだ大切に保存されてきました。本書では、第2章以外の各所にも、それらの着物を掲載させていただきました。スタイリスト・岩田ちえ子氏所蔵の着物とあわせて本書を構成いたしましたことをここに記して、感謝を申し上げます。

協力者一覧（五十音順　敬称略）

阿由葉昭恵
浮田良子
うさぎや
加藤千鶴
加藤宏明
菊池寛記念館
菊池夏樹
久村み幸
栗原尚子
こおりやま文学の森資料館
志村立順
城後由起子
髙橋智世子
髙橋佑子
田端文士村記念館
東京家政大学博物館
徳田章子
徳田秋聲記念館
中島亜沙子
中島麻美
林利根
原　祥子
日本美術家連盟
蕗谷龍生
まつもとかつぢアートプロモーション
藪田由梨
吉屋幸子
朗読小屋 浅野川倶楽部
湧井菜保子

参考文献

・増田美子編
『日本服飾史』東京堂出版　２０１３年
・増田美子
『図説 日本服飾史事典』東京堂出版　２０１７年
・近藤富枝 責任編集
『大正のきもの』民族衣裳文化普及協会　１９８０年
・伊藤元重、矢嶋孝敏
『日経プレミアシリーズ３２９ きもの文化と日本』日本経済新聞社　２０１６年
・近藤富枝、森まゆみ
『一葉のきもの』河出書房新社　２００５年
・熊井戸立雄編
『ファッションと風俗の70年』婦人画報社　１９７５年
・井筒雅風
『日本女性風俗史』光琳社　１９８６年
・井筒雅風
『日本服飾史 女性編』光村推古書院　２０１５年
・井嶋ナギ
『色っぽいキモノ』河出書房新社　２００６年
・長崎巌 弓岡勝美
『明治・大正・昭和に見る 着物文様図鑑』平凡社　２００５年

＊執筆の担当については、岩田ちえこ＝C・I、中川春香＝H・Nで記した。
記載のない部分は中村圭子による。

“ロマン写真館”とは

ロマン写真館とは、写真家・荒木経惟作品の着物姿のスタイリングを1982年より担当してきた岩田ちえ子と、雑誌、新聞を中心に、映画、演劇、音楽と多方面で活動する写真家・首藤幹夫による参加型アートプロジェクトである。2012年より東京の弥生美術館をベースに毎月1回活動を続け、これまで東京近郊をはじめ北海道や九州などの遠方からお越しくださったお客さまは400名以上。普段はそれぞれがプロとして活躍するスタッフが集まり、楽しく和やかな雰囲気のなかで撮影を行っています。

また、ロマン写真館は美術館の休館日に開催されるので、撮影後は着物姿のまま美術館を独り占めして、作品鑑賞ができるのも魅力のひとつです。

Web Site ｜ http://www.roman3.net/

お問合せ ｜ roman3photo@gmail.com

©ロマン写真館

弥生美術館・竹久夢二美術館 紹介

弥生美術館は1984年（昭和59）、竹久夢二美術館は1990年（平成2）に開館しました。
二館は渡り廊下で接続しており、入り口は1か所です。
弥生美術館は、高畠華宵をはじめとする
大正から昭和30年代までの挿絵画家の作品を中心に展示、
竹久夢二美術館は、夢二が〈大正ロマン〉と呼ばれる時代のイメージをつくった
美人画やデザインの作品を展示しています。
3か月ごとに年4回の企画展を開催します。

弥生美術館

所在地｜〒113-0032　文京区弥生2-4-3
TEL：03-3812-0012（代）

竹久夢二美術館

所在地｜〒113-0032　文京区弥生2-4-2
TEL：03-5689-0462（代）

交通｜**【東京メトロ】**
千代田線根津駅下車1番出口　または
南北線東大前駅下車1番出口
それぞれ徒歩7分

【バス】
御茶ノ水駅・上野駅より　東大構内行き都バス
終点下車徒歩2分（当館は東京大学弥生門の前にあります）

開館時間｜午前10時から午後5時（入館は午後4時30分までにお願いします）

休館日｜月曜日（ただし祝日と重なる場合はその翌日）／年末年始（1週間）
＊展示替えのため臨時休館することがあります。

入館料｜※二館ご覧いただけます
一般…900円　大学・高校生…800円　中・小学生…400円
団体20名様以上…各100円引き

URL｜http://www.yayoi-yumeji-museum.jp

［スタイリング］

岩田ちえ子（いわた・ちえこ）

スタイリスト。1980年代から雑誌、広告、TVの仕事を手がける。

写真家・荒木経惟氏の作品登場モデルの「着物姿」を担当して37年。

その数は約1000人に及ぶ。荒木作品の着物はほぼ岩田氏のセレクト。

［編著者紹介］

中村圭子（なかむら・けいこ）

1956年生まれ。中央大学文学部哲学科心理学専攻卒業。

弥生美術館学芸員。主な編著に『昭和美少年手帖』『日本の「かわいい」図鑑』『魔性の女挿絵集』『橘小夢画集』『谷崎潤一郎文学の着物を見る』（いずれも河出書房新社）などがある。

中川春香（なかがわ・はるか）

1988年生まれ。慶應義塾大学大学院文学研究科修士課程修了。

竹久夢二美術館学芸員。今まで担当した展覧会に「竹久夢二とモダン都市東京展」「夢二をめぐる人々」「竹久夢二と雑誌の世界」「竹久夢二　美人画展」などがある。

［撮影］ 大橋 愛

らんぷの本
mascot

アンティーク着物万華鏡
大正～昭和の乙女に学ぶ着こなし

2019年6月20日　初版印刷
2019年6月30日　初版発行

スタイリング　岩田ちえ子
編著者　中村圭子＋中川春香
発行者　小野寺優
発行所　株式会社河出書房新社
〒151-0051 東京都渋谷区千駄ヶ谷2-32-2
電話　03-3404-1201（営業）
　　　03-3404-8611（編集）
http://www.kawade.co.jp/
装幀・レイアウト　松田行正＋日向麻梨子
印刷　凸版印刷株式会社
製本　大口製本印刷株式会社
Printed in Japan

ISBN978-4-309-75038-5